丛林的秘密：
古玛雅真相

陈春锋 著

中国画报出版社·北京

图书在版编目（CIP）数据

丛林的秘密：古玛雅真相／陈春锋著 .—北京：中国画报出版社，2009.12（2025.1重印）
ISBN 978-7-80220-538-3

Ⅰ．丛… Ⅱ．陈… Ⅲ．玛雅文化－通俗读物 Ⅳ．K731.2-49

中国版本图书馆CIP数据核字（2009）第218784号

丛林的秘密：古玛雅真相　　　　　　　　　　　　陈春锋 著

出 版 人：	田　辉
责任编辑：	李　刚
出　　版：	中国画报出版社
地　　址：	中国北京市海淀区车公庄西路33号，邮编：100048
电　　话：	010-88417359（总编室兼传真）　010-88417359（版权部）
	010-88417418（发行部）　010-68414683（发行部传真）
印　　刷：	三河市兴国印务有限公司
监　　印：	敖　晔
经　　销：	新华书店
开　　本：	700mm×1000mm　1/16
印　　张：	13
字　　数：	280千字
插　　图：	400
版　　次：	2010年1月第1版　2025年1月第2次印刷
书　　号：	ISBN 978-7-80220-538-3
定　　价：	78.00元

如发现印装质量问题，请与承印厂联系调换。
版权所有，翻印必究；未经许可，不得转载！

丛林的秘密：古玛雅真相

前言

公元1502年，哥伦布最后一次远航美洲，距离他第一次发现"新大陆"恰好10年。船在洪都拉斯湾靠岸，哥伦布和他的船员们兴奋地踏上久违的葱茏陆地。在当地的市场上，一种制作精美的陶盆吸引住了他的目光，卖主告诉他，这漂亮的陶盆来自"玛雅"。这个神奇的名字，第一次传入了欧洲人的耳朵。中美洲的玛雅文明是世界文明史上的奇迹，它是拉美三大古代文明中最早绽开的一朵奇葩。它大约起始于公元前后，兴盛于公元三世纪，到公元十世纪，又不知何故中断了。但玛雅人在农业、文字、天文、数学和建筑等方面的辉煌成就是永远磨灭不了的。他们培育的玉米、土豆、西红柿等，后来传遍整个世界。

那么，什么是玛雅？玛雅人吃什么、穿什么、住什么？他们是一个什么样的民族？他们凭借什么力量建造了金字塔？他们创造了哪些闻名于世的文明？世界上是否曾经有"玛雅帝国"存在……本书将为您揭开一系列问题的谜底。全书共分十一大版块，主要内容如下：

在玛雅文化方面，主要介绍玛雅文化的诞生和发展、玛雅文化的主要内容、玛雅文化的兴衰、玛雅文化消失原因、玛雅文明水晶头骨；在玛雅语言文字与社会方面，主要介绍玛雅语言、玛雅经书、文明的悲剧、玛雅社会组织结构、自欺欺人的逻辑、文明的缺憾；在玛雅时空观方面，主要介绍社会身份的确证、生活习俗法制化、极强的二元论倾向、通往天堂的护照、新奇传说与远古生活；在玛雅建筑与艺术造诣方面，主要介绍谜一样的玛雅象形字、造诣极高的天才民族、鬼斧神工金字塔、丰富多彩的精神生活、特色鲜明的玉石面具、庞大的玛雅遗址、精巧含蓄的玛雅"古玩"；在玛雅宗教与信仰方面，主要介绍种族灭绝和文化摧残、玛雅人的宗教信仰、神秘的数字、神秘的玛雅迷信、两本玛雅奇书、坚贞不屈的民族精神;在玛雅权力与道德方面,主要介绍活人献祭的民族、奇琴伊察的一口井、道德约束力、玛雅的古代运动、具有特色的政治体系;在玛雅哲学与智慧方面,主要介绍玛雅人的宇宙观、玛雅人的时间观、数学计算中的伟大突破、精确度惊人的历法;在玛雅人的生产与生活方面,主要介绍玛雅人的耕种方式、玛雅人的农业生产、征服大自然、生存的第一问题、最原始的"货币"、玛雅民族服装;在玛雅人的占卜与生活方面,主要介绍玛雅人卜算未来、玛雅人姓名的由来、玛雅人的伦理道德、玛雅人的"种姓"、父母包办的婚姻、玛雅人对死亡问题大做文章;在对玛雅文明的探索方面,主要介绍永不停息的玛雅文明、神秘消逝的玛雅文明、不存在的国度、地理分布的特殊性、貌似中国龙的神明、中国是玛雅的延续、自成一格的玛雅文明。

  本书为了提高读者的阅读兴趣,精选了400多幅彩色图片,能够让读者在欣赏中获得知识和趣味。

  本书在某种意义上填补了玛雅文明介绍的一项空白,并为历史研究者提供了可资借鉴的视角和文本,对广大读者来说是一本不可多得的好书。

  本书既可作为欲从事玛雅文明研究的入门向导,也可作为读者了解玛雅文明状况的读本,具有极高的阅读价值。

  由于水平有限,在本书编写过程中难免有不足之处,敬请广大读者及同仁批评指正,以使本书更为完善,更好地为广大读者服务。

目录

第一章　玛雅简介 /9
　　令人神往的玛雅文明 /10
　　玛雅探索 /13
　　神秘的玛雅人 /16

第二章　玛雅文化简介 /19
　　玛雅文化的诞生和发展 /20
　　玛雅文化的主要内容 /22
　　玛雅文化的兴衰 /27
　　玛雅文化消失原因 /30
　　玛雅文明水晶头骨 /32

第三章　玛雅语言文字与社会 /37
　　玛雅语言 /38
　　玛雅经书 /41
　　文明的悲剧 /43
　　玛雅社会组织结构 /47
　　自欺欺人的逻辑 /51
　　文明的缺憾 /53

第四章　玛雅文明的时空观 /57
　　社会身份的确证 /58
　　生活习俗法制化 /60
　　极强的二元论倾向 /63
　　通往天堂的护照 /65
　　新奇传说与远古生活 /68

第五章　玛雅建筑与艺术造诣 /73
　　谜一样的玛雅象形字 /74
　　造诣极高的天才民族 /77
　　鬼斧神工金字塔 /80
　　丰富多彩的精神生活 /82
　　特色鲜明的玉石面具 /84
　　庞大的玛雅遗址 /88
　　精巧含蓄的玛雅"古玩" /90

第六章　玛雅宗教与信仰 /93
　　种族灭绝和文化摧残 /94
　　玛雅人的宗教信仰 /97
　　神秘的数字 /101

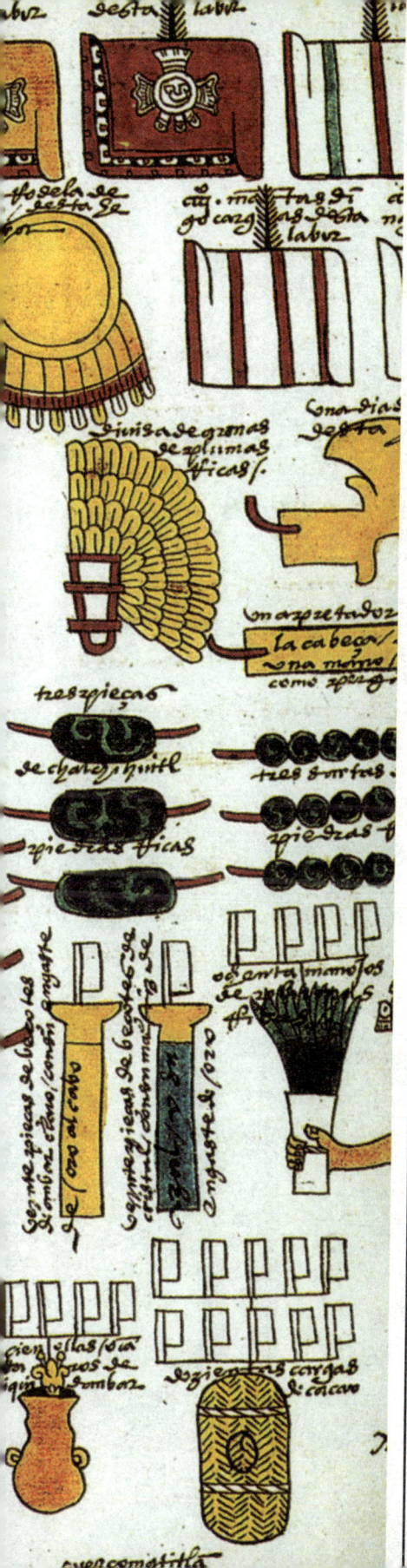

    神秘的玛雅迷信 /103
    两本玛雅奇书 /106
    坚贞不屈的民族精神 /110

第七章　玛雅权力与道德 /113
    活人献祭的民族 /114
    奇琴伊察的一口井 /118
    道德约束力 /122
    玛雅人的古代运动 /124
    具有特色的政治体系 /128

第八章　玛雅哲学与智慧 /131
    玛雅人的宇宙观 /132
    玛雅人的时间观 /134
    数学计算中的伟大突破 /140
    精确度惊人的历法 /143

第九章　玛雅人的生产与生活 /147
    玛雅人的耕种方式 /148
    玛雅人的农业生产 /153
    征服大自然 /157
    生存的第一问题 /160
    最原始的"货币" /163
    玛雅民族服装 /166

第十章　玛雅人的占卜与生活 /169
    玛雅人卜算未来 /170
    玛雅人姓名的由来 /172
    玛雅人的伦理道德 /174
    玛雅人的"种姓" /177
    父母包办的婚姻 /180
    玛雅人对死亡问题大做文章 /183

第十一章　对玛雅文明的探索 /187
    永不停息的玛雅文明 /188
    神秘"消逝"的玛雅文明 /190
    不存在的国度 /193
    地理分布的特殊性 /197
    自成一格的玛雅文明 /204

第一章
玛雅简介

　　玛雅文明是中美洲印第安先民在与亚、非、欧古代文明相互隔绝的条件下，独立创造的伟大文明，它是哥伦布抵达之前新世界人类成就的杰出代表。甚至可以说，西半球这片广袤疆域的另两大文明——阿兹特克文明和印加文明，都不足以与玛雅文明抗衡。

令人神往的玛雅文明

▲玛雅金字塔

　　玛雅的建筑物，那些金字塔、天象台、宫殿、球场、纪年碑林，还有种种各异的雕塑，无一不令人产生离奇古怪的遐想。而一种难以破译的象形文字体系，仿佛是艰涩而又诱人的谜面，深藏着如此之多的往昔奥秘，给我们制造了更为玄妙的心理效果。

　　带着某种独特的精神效力，那些镌刻着象形文字铭文的玛雅碑石，站立在热带丛林的深处，静默而庄严。它们的形貌使人感到陌生，它们的雕刻精彩巧妙，它们的装饰丰繁多样，与其他民族的作品迥然不同、大异其趣。它们坚守在沧桑巨变的土地上，要向人们昭示怎样的历史呢？

　　玛雅文明是中美洲印第安先民在与亚、非、欧古代文明相互隔绝的条件下，独立创造的伟大文明，它是哥伦布抵达之前新世界人类成就的杰出代表。它在科学（天文学、历法、工程学、数学）、农业（玉米、番茄、可可、烟草种植）、文化（象形文字、编年史）、艺术（雕塑、绘画）等许多方面，作出了巨大贡献。

▼不同风格的金字塔

　　甚至可以说，西半球这片广袤疆域的另两大文明——阿兹特克文明和印加文明，都不足以与玛雅文明抗衡。单举文字这一项，玛雅人在公元前后就已经达到了无与伦比的成熟与精致的程度，仅在一座金字塔的台阶上就刻有2500余个大字，而印加人当时还滞留在结绳记事的原始阶段，阿兹特克人则跟在玛雅人后面亦步亦趋、由橘变枳地模仿。

　　如果说，衡量野蛮与文明的最

◀玛雅的官殿

▲刻在碑石上的玛雅文字

佳尺度就是看一个民族是否拥有一套完整的文字符号体系，那么，这一文化学理论将清楚地证明玛雅人所达到的智慧程度。过去人们通常只是说"四大文明古国"——古埃及、古巴比伦、古印度、中国，但这并不是一个科学的表述。近几十年来，国际史学界倾向于更具概括力的"四大文明区"的说法，即东地中海文明区（埃及、美索不达米亚、亚述、腓尼基、希腊等）、南亚次大陆文明区（印度及其周边地区）、东亚文明区（中国及其周边地区）、中南美印第安文明区（玛雅、阿兹特克、印加）。

可以看到，古埃及、古巴比伦合并到了一起，它们相距不过一千公里，互相影响，共同特征颇多，中国和印度仍居不可动摇的地位，而以玛雅为首的印第安文明却在人类文明殿堂上获得了重要的"常任理事"席位。可以说，以玛雅为首的中南美文明成为人类智慧的另一支巨大的源流。

▼热带丛林中的古老建筑

今天我们已经有了这样的认识——研究玛雅人的智慧成就，也就是在了解我们人类智慧本身。

现代考古学已经以某些方式驱散了弥漫于玛雅世界的罗曼蒂克气息。人们不厌其烦地罗列发掘玛雅古代器物，极其科学认真地对宏伟建筑物作平淡

▲玛雅人头像的现代捏塑

▲神秘的玛雅文明

乏味的铺叙，仿佛是在讨论我们今天某个施工项目；对玛雅地区生态环境的分析讨论，也似乎是某本地理学和生物学概论教材的章节；对古玛雅人的生活方式，也是用较轻率的理论框架简单地复原。

如此说并非指责考古学。这只是反映了目前尚不充分的玛雅文明研究还有待于进一步展开。考古科学的方法，是我们所能利用的最有效手段；对于它不断摧毁人们浪漫的遐想，驱散神秘的迷雾，我们不但不该抱怨，反而应感到实实在在的欣喜。必得经过烦琐、冷静的客观描述，才能掌握玛雅文明的基本事实。只有真正掌握其基本事实，一个文明所包含的智慧才能呈现在我们面前。

▼玛雅象形文字

人们有时会有神秘主义的倾向，不知不觉地去追求某种"距离美感"。是的，当我们对玛雅文明的基本事实一无所知时，那一鳞半爪、吉光片羽的东西，就会被我们自由无拘的个人想象力以及社会传播效应，弄成一幅神秘浪漫的画卷。这时候，玛雅金字塔形坛庙就被说成人力无法企及的"另一个世界"的馈赠，玛雅人程度极高的天文、数学知识就被说成外星人带来的福音……

如果我们拒绝走近玛雅世界，拒绝真切的观察，那么，我们就会把"民吾同胞"（玛雅人是我们人类骄傲的一支）已达到的智慧，当作"非吾族类"（外星人、上帝、平行的神秘世界的超自然力量）的显灵了。

玛雅探索

玛雅文明的神秘是因为人们对它知之甚少。自从16世纪西班牙征服者把它摧毁后，它的仅存硕果也只能掩埋在丛林之中、泥土之下。热带雨林疯长的草本植物不用多久便吞噬了一度繁荣昌盛的城市，这是绿色的沧海桑田巨变。当300年之后19世纪的旅行家们将信将疑地踏进这片莫测浅深的绿色海洋时，玛雅文明似乎已成了神乎其神的久远传说了。

今天人们已经十分了解的古代玛雅保存最完好的遗址——蒂卡尔城（Tikal），在1848年时还不为人知。当年有个叫莫德斯托·门德斯的探险者苦苦搜寻这座传说中的神奇城市，结果无功而返；直到1956年，美国100多名考古专家经危地马拉政府同意前往考察发掘，这座130平方公里、布局十分合理的古代玛雅城市才重见天日。

经过长达14年的艰苦发掘，清理出500多个建筑、成吨的文物，人们才从逝去的往昔找回这座神奇的城市。考古学家"住棕榈茅屋、睡吊床、吃玛雅人的食物（玉米小饼、豆类），从玛雅先民设计建造的水库里汲水，用斧子、短刀砍去树枝，清理场地，然后观察、摄影，为那些依然完好的金字塔、祭坛和道路绘制图样，并把所发现的物

▼神秘玛雅之城

品进行登记"。

单在城市中心区就有大型金字塔10余座，小型神庙50余座。这座城市从公元前6世纪起就建有金字塔坛庙建筑群，延续的时间长达一千六七百年，直到公元10世纪才因某种缘故突然由盛而衰，变成废墟。

这座典型的玛雅城市在8世纪时至少有4万多人口，按照文化学家的某种

▲玛雅凤凰雕塑

定义，人口达到5000就算文明城市的指标之一了。当时的蒂卡尔居民有着复杂的社会关系，这从家庭住宅的占地、形式等方面可以得到印证。遗址中发现的文物种类繁多，包括公元前6世纪使用过的煤块，也包括玛雅人最先用于宗教目的而后成为近代橡胶工业技术灵感的树胶，还包括来自太平洋和大西洋的贝壳以及贝壳包藏起来的墨西哥产绿宝石这样的远来贡物（从古玛雅政治上着眼）、珍宝（从古玛雅经济贸易交流上着眼），以及古代玛雅社会生活、生产劳动、艺术创造等集中体现的实物证据——石器制造匠、陶器生产者和雕刻艺术家的石刻人像……像这样的城市在玛雅地区还发现了不下百座。

古玛雅先民是实实在在地存在过的！他们用自己的智慧和血汗，创造出既现实又神奇的生活样态。他们不是蒙昧的蛮夷土著，当然也不是外星来客；他们是以人的才智创造人的业绩的玛雅人。这就是考古学家打破神秘传说的情结所能给予我们的基本事实。

以这样的眼光，人们走近玛雅，看到了玛雅先民不朽的智慧！

玛雅地区地处中美洲，西临太平洋，东濒大西洋的墨西哥湾和加勒比海，北部是突出的尤卡坦半岛，西北向与东南向分别通过墨西哥和中美诸国的两条狭窄的陆地与北美洲和南美洲连接。

用现代政治国家疆域来划分玛雅文化地区，那么，玛雅地区包括了墨西哥东南部及尤卡坦半岛上的几个州、半岛东南部的伯利兹（英属洪都拉斯）、居于玛雅腹地背靠太平洋的危地马拉、通往中南美洲走廊上的洪都拉斯。这一地区总面积125000平方英里，也就是约为32万平方公里，相当于统一以后的德国或者英国加上爱尔兰。但是，这个一般的玛雅疆域说法，也会稍有扩大。

据埃菲通讯社马那瓜（尼加拉瓜首都）1992年9月23日报道，在尼加拉瓜中北部地区，发现了6座隐藏在郁郁葱葱的丛林中的小山里的玛雅金字塔。这个金字塔群排列呈字母"L"形，其中最大的金字塔长53米，宽32米，高4.5米。如果这个金字塔群确实属于古老的玛雅文化，那么尼加拉瓜的历史也要被改写，它也进入玛雅世界了。

从发现金字塔群的圣拉斐尔地区（马那瓜东北250公里处）到以往认定的玛雅文化东界——洪都拉斯的科潘遗址，有大约400公里。这就使玛雅地区扩大了许多。

但是，严格地说，中美洲各文化呈犬牙交错的态势。玛雅文化在玛雅地区西南也有一条狭长地带是与墨西哥文化共享的过渡地带。并不能因此而扩大玛雅地区的疆界。

这里最困难的是，并不能把文献上的根据与考古证据完全统一起来。这一地区的各个组成部分，在文献资料上并不等量，即使是在西班牙人统治时期，关于偏远地区的信息报道也特别贫乏。而要找到西班牙人到来之前的资料就更是困难重重了，许多反映在历史文献中的特有的玛雅文化特色，并不容易在考古发掘中得到揭示。

无论如何，古代中美洲从未有现代政治国家那种严格划分的疆界。边疆地带的变迁是渐进式的，而不是整齐划一、一刀切断的，结果是一组存在差异的文化源头镶拼杂凑在一起。这就是文化地理上的"马赛克"。

在我们今天通常意义上所说的玛雅地区，大致可以按地形、气候、植被的类型不同，划分为三大块，由南向北依次是高地、低地和平原。

高地：由沿太平洋的高山组成，在今危地马拉，海拔高处较为寒冷，覆盖着松树。现在还居住着近200万玛雅遗民，在四五千年前就产生了最早的玛雅农业文明。

低地：是以佩腾湖为中心的流域盆地，也包括一些周边谷地，南部是一大片草地。在雨季，许多湖泊可以连成一片。在盆地外谷地的山坡上森林茂密，有着古代玛雅人的石头城市；这一带物产丰富，几乎可以找到所有的中美洲作物品种和野生动植物。整个地区温暖湿润，雨季较长，旱季降水也不少。石灰岩是较好的建筑材料，另外还产花岗岩。可以说，古玛雅巨石建筑的三个必备条件（石器和木质、纤维等建筑工具，石灰，做沙浆用的砾石）在这一地区都具备。最早的玛雅石建筑群乌夏克吞城在此发现，这里是玛雅文明古典时期的中心。

平原：由南向北逐渐过渡到平原，高大的树木变成低矮的灌木丛。腐殖土较浅，到处可见裸露的天然石灰石，地表水极少，几乎没有湖泊、河流，气候非常干旱。这里是玛雅后古典时期文明中心，如奇琴伊察城，依靠天然蓄水穴井。这一大片地区大约公元5世纪才开始从东部移来玛雅文明，繁盛期在10至14世纪。

玛雅地区的自然地理环境异常丰富多彩，从雾气蒙蒙的热带丛林到靠近沙漠的谷地，再到寒松覆盖的高地，无所不有。如果更贴近地观察，那么，即使是乍看无法划分的低地丛林地带，也还是能够分解为气候、地志、植物和动物不尽相同的碎片。

这样的自然生态给玛雅文明提出了许多生存和发展的课题。玛雅先民适应自然、利用自然的结果，就是创造出了多姿多彩、不同凡响的玛雅文明。

▼玛雅遗址

神秘的玛雅人

既然玛雅地区的范围并不能十分严格地确定，那么，它的主人呢？谁是玛雅人？传世的雕刻、绘画中，玛雅人都有着夸张的面部特征：扁平额头、鹰钩鼻子、厚厚的嘴唇。今天的玛雅遗民虽说也略有这些特征，但绝不那么鲜明。他们是相貌不错的蒙古人种，但与他们的中美洲邻居并没有太多的生物学差异。所以，没有必要过多地去研究他的身高、肩宽、臂长、颅指数、血型之类的项目，在这些方面得不到直截了当的"血统证书"。

玛雅人是按照他们的语言来定义的。在今天，仍有数百万人说着他们祖先的语言。尽管玛雅语族系众多，这是多样的地理环境使他们分处各地导致方言变异的结果，但是统一的玛雅族语无疑是他们最好的种族和文化的纽带。说玛雅语的人可能正是这一地区最早的定居者，作为真正的主人，他们在这块领地上留下了数千年文明遗迹。从文化的统一性来看，没有任何证据表明曾有任何其他民族控制住这一地区。即使是16世纪西班牙人征服以后，除了少量殖民城市据点之外，将近500年的殖民统治也未能改变这一事实：说玛雅语的人民占据着这块土地的大部分地区。这群玛雅人从古到今都在这里繁衍生息。他们的语言和他们的文化都保持了相当程度的稳定性。

在玛雅地区的西界，原墨西哥阿兹特克文化地区，早就被大西洋对岸来的欧洲"文明人"给"文明化"了。在玛雅地区的东界，今洪都拉斯以东的地区，当地土著文化也没能像玛雅人那样较成功地抵挡住欧洲人的文化冲击。玛雅人尽管在政治版图上从属于殖民统治（他们的文化传统中，比较缺少国家疆域概念，较能容忍外来人建立互不相扰的殖民"飞地"，从前他们各部族间就是这样做的），但是，在文化上相当顽强地保留自己的传统，从语言到宗教。除了那不可搬走的城市被毁坏以及无法抗拒的军事压力下的经卷被

▼玛雅被毁后的遗址

焚、祭司被杀以外，留在他们头脑中的传统观念，留在他们唇齿间的语言、传说，都与他们民族的生命相始终。

就是到今天，假如我们走进西班牙人强制推行天主教而到处建立的教堂里，我们也会经常看到这样的场面：天主教牧师冷清清地坐在他的讲坛边，而玛雅"教民们"却热闹非凡地在另一边焚香祷告，默念他们世世代代信奉的天神、雨神、羽蛇神等神灵的圣名，一派"异教徒"色彩！

这就是有着悠久文化传统、辉煌古代文明的玛雅人。

玛雅先民在这里生活至少有三四千年的文明史。今天我们所说的中美洲所有古文化的共同源头奥尔梅克文明，其实就是玛雅文明在那个较早阶段的代称。奥尔梅克在公元前1150年已达到相当高的文化水准，在拉文塔等遗址，祭祀中心的祭坛、雕像等实物证实，当时奥尔梅克人的社会结构非常复杂，他们的文明成果直接由玛雅文明和阿兹特克文明接续下去。

▲玛雅遗址

其实，创造这一地区伟大文明的先民们，自己并不知道自己在未来会被称作"玛雅人"。玛雅这个称谓乃是近500年的产物。10世纪以后，尤卡坦半岛上有三个强大的城邦，其中之一叫玛雅潘，它曾一度成为尤卡坦北部最具政治主导力的中心。在12世纪至14世纪它的黄金时代之后，正巧来了西班牙人。是西班牙人把这个城邦的威名加在整个玛雅地区之上，这才有了玛雅地区、玛雅民族、玛雅文明的提法。

所以，在宽泛的意义上说，这一地区的一切文明成果都可以叫作"玛雅文明"。而有时候，人们囿于概念，又把奥尔梅克人和玛雅人作了过度的区分；甚至有时只把公元3世纪至9世纪危地马拉低地的古典文明视作"真正的"玛雅文明，把这一地带文明的衰落和转移称作"玛雅文明消失"。

一般说，玛雅文明经历了几个不同的阶段，每个阶段有明显不同的地理分布，大致是由南向北迁移。公元前1000年或可上溯至3000年前，直到公元3世纪，这是玛雅文明的形成期；公元3世纪至公元9世纪末，是玛雅文明的古典期（又称古王国时期），

▲玛雅遗址清晰可见

这是一个全盛期,主要集中在中部低地,在巅峰阶段突然衰落;公元10世纪至16世纪初,后古典期(又称新王国时期),集中在尤卡坦北部平原,因西班牙人入侵而中断;16世纪后就是殖民统治时期,玛雅文化受到严重摧残,玛雅民族大部避迁偏远地带。

以上是玛雅人文化轨迹的一个基本框架。对古典期、后古典期这类术语稔熟,将有助于了解玛雅文明和玛雅人。

对我们今天来说,玛雅人又是哪些人呢?根据语言族系和地理分布,大致分为以下几部分:

1. 尤卡坦玛雅人,居住在墨西哥的尤卡坦半岛,并扩展到伯利兹北部和危地马拉东北部;

2. 拉坎冬人,人数很少,居住在墨西哥南部乌苏马辛塔河与危地马拉之间的边境地区,一小部分居住在危地马拉和伯利兹;

3. 基切诸民族(凯克奇人、皮科莫西人、波科曼人、乌斯潘特克人、基切人、卡克奇克尔人、萨卡普尔特克人、西帕卡帕人),居住在危地马拉东部和中部高地;

4. 马姆诸民族(马姆人、特科人、阿瓜卡特克人和伊西尔人),居住在危地马拉西部高地;

5. 坎霍瓦尔诸民族(莫托辛特莱克人、图赞特克人、哈卡尔特克人、阿卡特克人、托霍拉瓦尔人和丘赫人),居住在危地马拉韦韦特南戈省及相邻的墨西哥地区;

6. 佐齐尔和策尔塔尔诸民族,居住在墨西哥南部恰帕斯州;

7. 乔尔诸民族,包括恰帕斯州北部和塔瓦斯科州的琼塔尔人和乔人以及危地马拉东端的乔尔蒂人;

8. 瓦斯特克人,居住在墨西哥韦拉克鲁斯州北部及其相邻的圣路易斯波托西州。

这是我们今天还能见到的玛雅遗民。在拉美文化一体化的巨大压力之下,但愿他们能够长久地延绵下去,作为他们光荣祖先的见证人。

▼玛雅人的石碑

第二章
玛雅文化简介

玛雅文化是世界重要的古文化之一,更是美洲重大的古典文化。玛雅人在5000年前就出现在墨西哥和中美洲危地马拉的太平洋海岸,在美洲远古的石器时代就开始了他们的生产活动,所以和世界上的其他人类一样,他们的古代史正常地经历了采集、渔猎向农耕过渡的发展阶段。

玛雅文化的诞生和发展

在玛雅人的观念中,历史是以千万年为单位推演的无尽轮回,人生短暂如同朝露。而他们的文明也在片刻辉煌之后淹没在中美洲的翁郁丛林之中。玛雅文明的突变式发展和倏然消失至今仍是难以破解的谜题,这使得她成为最引人入胜的古代文明之一。

玛雅文化是世界重要的古文化之一,更是美洲重大的古典文化。玛雅人在5000年前就出现在墨西哥和中美洲危地马拉的太平洋海岸,在美洲远古的石器时代就开始了他们的生产活动,所以和世界上的其他人类一样,他们的古代史正常地经历了采集、渔猎向农耕过渡的发展阶段。玛雅文明孕育、兴起、发展于今墨西哥合众国的尤卡坦半岛、恰帕斯和塔帕斯科两州和中美洲的一些地方,包括今天的伯利兹、危地马拉的大部分地区、洪都拉斯西部地区和萨尔瓦多的一些地方。这一地区的总面积达32.4万平方公里。

▲埋没在丛林中的玛雅

公元前2000年左右,玛雅人进入了定点群居时期,并从采集、渔猎的阶段进入到了农耕时期。农业和定点群居孕育了玛雅文明。玛雅文明从此开始了。

世界上的许多学者研究玛雅文化,对玛雅文明比较公认的历史分期是:从公元前

▼玛雅文明之都　　　　　　　　　　　　　　　　　　　　　　　　▼玛雅遗址

▲太平洋沿岸

▲玛雅金字塔

1500年到公元317年为玛雅文明发展的前古典时期，从公元317年到公元889年为古典时期，从公元889年到公元1697年为后古典时期。也有人把它称作早期阶段、中期阶段和晚期阶段。

前古典文明出现在危地马拉的太平洋沿岸和高原地带。这时，玛雅文化的主要特点是城市广场上建立了许多大型的石碑，石碑上雕刻有历朝历代的统治者形象。因为在公元1至2世纪时出现了象形文字，所以石碑上就有了记述统治者历史的文字。此外，城市里还出现了大型石料建筑物（如金字塔和城市的卫城）。大型石铺广场和堤道反映了这时候的建筑已有了一定的规模和水平。前古典时期的文明中心在中美洲的纳克贝和埃尔米拉多尔。

古典时期文明发展的中心在危地马拉一带的蒂卡尔、帕伦克、博南帕克和科潘等地。这时的文化特征主要反映在建筑、雕刻和绘画上。博南帕克壁画是世界有名的艺术宝库。

位于中美洲的玛雅古典文明中心，不知什么原因到9世纪时衰落了。此后，玛雅文化北移到了墨西哥合众国的尤卡坦半岛，在那里进入了后古典文明时期。玛雅的后古典文明有奇琴伊察、乌斯马尔和玛雅潘三大中心。

公元10世纪后，势力强盛的托尔特克人后裔，从墨西哥侵入尤卡坦半岛，影响了奇琴伊察。玛雅文化与托尔特克文化在融合的基础上发展到了一个新的高度，使已经衰落的玛雅文化重新繁荣起来，玛雅历史进入了第二个发展时期。后古典文明的文化特征是除了继承南部玛雅文明的文化遗产外主要建立了许多比以前更大和更雄伟的神庙和大型金字塔。天文和历法也得到了长足的发展。

▼高原地带

玛雅文化的主要内容

玛雅文化是伟大的古典文化，它对世界文明作出了重大的贡献。

1. 在农业生产中培育了对人类有重大贡献的粮食新品种，如玉米、西红柿、南瓜、豆子、甘薯、辣椒、可可、香兰草和烟草等，其中玉米的培植对人类贡献最大。玉米本是美洲的一种野生植物，经过了玛雅人的培育，把它变成了高产的粮食品种。玉米的品种多、营养价值高、产量大，不仅是美洲印第安文化的物质基础，欧洲人到达美洲后将玉米传播到全世界，成了世界上许多地方的主要食粮，帮助世界上许多地方的人民度过了无数次的灾荒，对人类的延续和发展作出了不可磨灭的贡献。玛雅人还是火鸡的培育者。火鸡现在已是欧美家庭过节必备的美味佳肴，在欧美的饮食文化中玛雅人的功绩是载于史册的。

2. 发达的城市经济。玛雅的城市很多，据统计，在公元后的八个世纪中，各个不同的玛雅部落前前后后共建立了一百多个城市，其中比较有名的有帕伦克、科庞等。这是玛雅经济发展的结果。经济发展的原因是玛雅人的手工业水平很高，他们会用陶土制成各种器皿，用燧石或黑曜石制成各种工具和武器，用棉花织成布匹，用金、银、铜和锡等元素制成合金，加工成各种器皿和装饰品。玛雅的市场很发达，一般的集镇和城市

◀玉米曾是玛雅人的主要食物　　▼餐桌上浓香味美的火鸡

▲秘鲁

▲玛雅古城——蒂卡尔城

都有市场,各行各业的平民可在市场上进行交易。商品有棉布、蜂蜜、蜂蜡、燧石武器、盐、鱼以及各种日用品和食品。商品交易已经有了货币,他们的货币是可可豆。市场旁边都有旅馆供来往客商住宿。互市一般有固定日期,或逢单逢双,或三六九,或逢年过节不一。由于商品经济的发达,玛雅人不但内部经济发达而且有了广泛的外部贸易。其经济活动远至南美洲的哥伦比亚一带,还影响到秘鲁、智利等地。

3. 建筑和艺术对人类作出了巨大的贡献。玛雅人用石头建造了许多宏伟的殿堂、庙宇、陵墓和巨大的石碑。玛雅人的建筑物不但气势宏伟,而且富丽堂皇。至今在尤卡坦或危地马拉的热带丛林里残存着的玛雅遗址中,还可以看到在那些断垣残壁上鲜艳的色彩和美丽的图案。博南帕克遗址中还留下一些大约公元8世纪时创作的古代战争壁画,画中人物千姿百态、各具情态,栩栩如生,富有现实主义的表现力,是当今世界有名的壁画艺术的宝藏之一。

玛雅人常在城市里立柱记事,时间间隔有固定的年限,通常是每隔20年立一些石柱记一些重要的事情。历史学家可以根据石柱上的记录了解这个城市的来龙去脉。据现有的材料得知,立柱的年代竟长达1200多年,最早的一根石柱立于公元328年,最后的一根立于公元1516年。如已被破译的刻有玛雅文字的危地马拉玛雅蒂卡尔神庙石柱,立于公元468年6月20日,恰好是玛雅日历的第13年。石柱上的文字主要叙述了蒂卡尔城第12代统治者坎阿克和他家属的一些事迹。石柱上的文字还告诉我们,西阿恩·查阿恩·卡韦尔于公元411年11月27日成为蒂卡尔的统治者,他于公元456年2月19日死去,并在公元458年8月9日安葬。蒂卡尔

▼智利

▲库库尔坎金字塔的一部分

▲库库尔坎金字塔

▲库库尔坎金字塔南面的天文观象台

城是由一位叫雅克斯·摩克少克的玛雅人所建，他是坎阿克的祖先。经过一百多年的统治，坎阿克家族把蒂卡尔城变成了当时最为辉煌的城市。玛雅人立的石柱是研究玛雅文化的珍贵的历史资料。

玛雅人也是高水平的建筑师。奇琴伊察的库库尔坎金字塔超过了蒂卡尔和其他城市的金字塔。库库尔坎金字塔塔底呈正方形，高 30 米，塔身分 9 层，每层有 91 级宽阔的石阶。四周台阶总和为 364 级，若把塔顶神庙算一级的话，共 365 级，代表一年的天数。神庙高 6 米，呈正方形。金字塔正面的底部雕刻着羽蛇头，高 1.43 米、长 1.87 米，宽 1.07 米。每逢春分和秋分两天的下午三点钟，西边的太阳把边墙的棱角光影投射在北石阶的边墙上，整个塔身，从上到下，直到蛇头，看上去起起伏伏，犹如一条巨蛇从塔顶向大地爬行。这个金字塔是为适应宗教和农业的需要，经过精密的设计和计算建造的。

奇琴伊察还建造了天文观象台。那是一个圆形的建筑，高 22.5 米，整个塔像一个蜗牛壳。塔内有螺旋式楼梯通向塔顶的观象台。塔壁上开有精心设计的 8 个窗口，由此观察天象。奇琴伊察城中还建有规模庞大的古建筑群。这个建筑群包括"总督府""修女宫""勇士庙""虎庙"及庞大的金字塔。这些建筑物的外墙、门框、石楣上都布满了精雕细凿的羽蛇浮雕，其用料之细、形象之华美和匀称，都超过了原来南部玛雅文化的建筑，甚至连今天的建筑学家都惊叹不已。

玛雅不少的公共建筑建有坚固的围

▲象形文字

墙，在图鲁姆地方至今还留有一道长2350英尺、宽20英尺和高10至15英尺的古墙（1英尺=0.3048米，后同）。

玛雅人还是伟大的筑路工。玛雅各城市间路路相通，四通八达。

4．玛雅人在天文历法和数学运算方面在当时世界上首屈一指。他们把一年定为365天，一年分为18个月。每月20天，剩下5天作为禁忌日。历法的精确远早于欧洲人后来使用的格里高利历。他们还会推算月亮、金星和其他行星运行的周期、日食的时间。玛雅人运用"太阴计算法"推算出来的金星年份1000多年也不差1天，比当时世界上的任何一部历法都准确。玛雅人在数学方面的成就是发现了零，这在数学上是一个了不起的成就。这一成就比欧洲要早800年。玛雅人的计算方法是根据人的手指加脚趾合起来计算的，所以是20进制的。玛雅人只用3个数字符号组合就能运算非常精确的天文历法和日常生活中的数学难题。这三个数字是用圆点表示1，一横表示5，一个贝壳表示0。

5．创造了表达人间万事万物和人的情感的象形文字。这种象形文字主要刻在建筑物、陶器上，或写在树皮、绢布上。在石柱、祭台、金字塔及陶器上到处都可以看到玛雅人原始的象形文字。玛雅语文的词汇十分丰富，大概有3万多个。玛雅文字是非常奇妙的。它既有象形，也有会意，也有形声。它是一种兼有意形和意音功能的文字。玛雅人已使用了纸，纸通常是用树皮或鞣制过的鹿皮做成的。他们用这些纸编成各种书籍，其主要内容是历史、科学和典礼仪式，有的书籍还记载了当时玛雅社会的各种情况。西班牙人在进入玛雅地区时大肆破坏了玛雅文化，疯狂地烧毁玛雅书籍，杀害玛雅的祭司，致使玛雅文明的宝贵财富成了一堆废品，玛雅文字无人认识，历史无从考证。有一些劫后余生的玛雅文献流散到世界各地，已知的有《德累斯顿古抄本》《马德里古抄本》《巴黎古抄本》《格罗利尔古抄本》《柏林古抄本》《纽约古抄本》等。这些古抄本的内容涉及历史、宗教、传说、历法等。通过对这些古抄本的研究，学者们判断：南部玛雅人和尤卡坦半岛的玛雅人之间在文化上有着密切的关系。

6．已经有了哲学和理想化的思想。玛雅人与其他早期的人类一样，原先信奉萨满教，崇拜自然神，尤其崇拜太阳神，称其为伊查纳。但玛雅宗教是不断发展

▼形象生动的象形文字

的，后来在宗教中注入了原始的哲学和理想化的思想。

玛雅人的理想化的思想认为在天上有一个美满的世界。主宰世界的神叫伊斯塔（Ixtab），他是一个非常善良、公正无私和充满爱心的神，在他的主持下天堂里充满了欢乐，没有疾病、没有忧愁、没有痛苦，有的是充足美味的食物、宽敞的房屋、华丽的衣服。你认为天堂有多么美好就有多么美好。人要是进了天堂就是进了无所不美好、无所不幸福的境界。而在地下则有一个可怕的地狱。玛雅人对人生的哲学是：一个人活着的时候做好事，死了就可以进天堂，反之就要下地狱，由死神清算你在人世间所造的孽。他们把地狱称为米特纳尔。地狱由死神弘豪统治着。他用饥饿、严寒、无休止的苦役和精神上的虐待等非常残酷的方式折磨罪人。人进天堂或下地狱完全要看人在世时的作为。

7. 玛雅人有丰富的史学和文学文献。玛雅人用象形文字创作了成千上万种书籍和数不清的石刻。大部分书籍被西班牙人付之一炬，留下的仅有《卡奇克尔年鉴》《奇兰·巴兰》《波波尔·乌》和《拉比纳尔的武士》。

《卡奇克尔年鉴》是一部编年史。卡奇克尔人和基切人同为当年危地马拉一带强盛的部落。《卡奇克尔年鉴》记述的是这两个部落间时战时和的关系史。

《奇兰·巴兰》意为"美洲豹的预言"，是玛雅人的历史文献。《奇兰·巴兰》是负责记载历史的祭司所作。祭司们记录的历史保留至今的尚有三部，其中最完整的是《楚玛耶尔的奇兰·巴兰》。该书估计完成于16世纪，它记录了玛雅人被征服前的历史。其他两部完成得较晚，内容也不全。

《波波尔·乌》是玛雅人的古典诗，表现了玛雅人对大自然、对人类命运的乐观态度。它也是一部有关基切民族的神话、传说和历史的记载文献。其中包括创造世界、人类起源的神话传说，基切部落兴起的英雄故事，历代基切统治者的系谱，一直到作者生活的年代。

《拉比纳尔的武士》是一部历史剧，描写基切部落与拉比纳尔族之间发生的一场战争。故事发生在12世纪左右，基切人中的古马尔加部落和拉比纳尔部落间因争夺对萨马内赫部落的控制权发生了一场冲突，最终以拉比纳尔的武士胜利、基切武士牺牲为结局。

▼玛雅象形文字

玛雅文化的兴衰

国立人类学博物馆是墨西哥合众国一座享有世界级盛誉的著名博物馆,规模宏大,藏品丰富。它的 23 个展厅全面生动地介绍了墨西哥合众国古代文化的起源和发展,以及墨西哥合众国 56 个印第安民族的文化、艺术、生活、宗教等方面。

玛雅展厅是人类学博物馆两大重点展厅之一,设在馆内一楼。展出面积达 1500 平方米的展厅以丰富的内容较全面地反映了古老的玛雅文明的辉煌成就。这次重新对外开放展出的文物从以前的 400 多件增加到 700 余件,其中有 100 多件过去从未展出过。

玛雅文化是世界著名的古文明之一,也是拉丁美洲三大古代印第安文明之一。它是美洲印第安人文化的摇篮,对后来的托尔特克文化和阿兹特克文化具有深远的影响。

玛雅文化具有悠久的发展历史,其过程大约从公元前 1800 年一直延续到公元 1524 年,可分为前古典期(公元前 1800 年至公元 300 年)、古典期(公元 300 年至公元 900 年)和后古典期(公元 900 年至公元 1524 年)三个阶段。其全盛时期为公元 400 年至公元 900 年。

大量出土文物和复制品以及图片、录像等,显示了 50 多处考古地点的发掘成果,使我们对古代玛雅人的历史、生活习俗等增加了了解。最令人震惊的是,古代玛雅人在彩陶、壁画、雕刻、建筑、文字以及天文、历法、医学和数学等方面所达到的高超水平。

▼陶瓷艺术

▼国立人类学博物馆

▲现代仿古彩陶

玛雅人制造的陶器、玉器等，工艺非常精细。他们的雕刻和壁画作品，特色鲜明，形象逼真。他们的许多建筑工程，规模宏大，布局严谨，技术精湛。古代玛雅人在数学、天文等领域所达到的成就，欧洲人无法望其项背。他们使用"零"的概念比欧洲人要早800年。他们很早就掌握了日食周期以及日、月和一些星辰的运行规律，在此基础上创造了精确度很高的历法。

只要参观了玛雅展厅，就会不禁为古代玛雅人创造的灿烂文化所折服。玛雅文化的宝库既具有鲜明的民族特色，又是全人类的宝贵财富。这就是人们常说的"越是民族的，就越是世界的"。墨西哥合众国国立人类学博物馆如此完美地为自己的国家和民族保存了无价的文化瑰宝，同时也为整个人类保存了一份极其珍贵的遗产。

然而，一个至今未得到确切解释的千古之谜是，曾经如此辉煌的玛雅文化，在公元10世纪初期突然神秘地衰落了。到11世纪以后，才由从墨西哥合众国高原南下的托尔特克人与剩下的玛雅人一起，在尤卡坦半岛北部地区部分地复兴。但与玛雅文化的全盛时期相比，已不可同日而语。后来西班牙殖民者入侵后，便更加一蹶不振了。

记得很久以前，就听说过"玛雅文化神秘消失"的说法。当时误以为玛雅文化和玛雅人都已像恐龙一样无处寻觅了。来到墨西哥合众国以后才知道并非如此。玛雅人并不是恐龙。他们至今仍是墨西哥合众国56个印第安民族之一，居住在尤卡坦半岛等地。虽然他们人数不多，而且纯粹的玛雅人更少，大多数已经或多或少地与其他民族混血，但仍然保持着自己的语言、古老的生活方式和生产方式，在风俗习惯、民间艺术等方面仍保持着自

▼日食

己民族的传统。

但是，玛雅文化作为一种文化，毕竟是衰落了。老祖宗虽然留下了无价之宝，但后来并没有取得什么新的成就，没有什么新的创造发明、新的进步和发展。所谓玛雅文明的衰落，其实主要就表现在这里。这恐怕也是衰落的原因所在。一种文化不管过去曾经如何发达过，如果没有新的创造和成就、进步和发展，就会停滞和走向衰落。关于玛雅文化衰亡的原因，曾经有过种种揣测，有人说是因为环境变化，有人说是因为战乱所致，但都没有确凿的证据。而后世儿孙故步自封，未能发扬创新精神和进取精神，取得新的成就、新的进步和发展，也可能是主要原因之一。

另外，玛雅文化缺乏对外交流，它的封闭状态也是其衰亡的一个原因，这个说法似乎也有一定道理。各民族优秀文化、先进文化之间的相互交流和融合，的确是促进民族文化发展与更新的一个重要条件。没有这种交流，就会走向故步自封，停滞不前，以致逐渐衰亡。因此，创新和交流，是一种文化能够长盛不衰的必要条件。今天的墨西哥合众国文化正是由于各种文化相互交流和不断融合，从而产生并得到发展的。

▲玛雅文化

▲玛雅全景

▲探索玛雅文化

玛雅文化消失原因

玛雅文化发展了很长一段时间，但让人不解的是，公元830年，科班城浩大的工程突然停工。835年，帕伦克的金字塔神庙也停止了施工，889年，蒂卡尔正在建设中的寺庙群工程中断了。909年，玛雅人最后一个城堡，也停下了已修过半的石柱工程，散居在丛林中的玛雅人都抛弃了原来南部的家园，集体向北迁移。过了一段时期，玛雅文化就彻底消失了。这究竟是为什么呢？我们可以大胆做一些猜测：

1. 随外星人离去

在布兰科"铭文神殿"中，曾发现一个很怪的皇家坟墓。它中间停放着一具巨大的石棺，里面躺着一位玛雅国王的遗骨。现在一般认为它曾是布兰科一位极受尊敬的国王，名字叫太阳陛下帕卡尔。这个布兰科的石棺是用一块巨大的木兰花色石灰石做成的，重约5吨，面积超过7平方米。石棺盖的雕刻很复杂，上面刻画的是一个蜷曲得几乎处于W形状的玛雅人形。周围环绕的是一些奇怪的图案。位于中心的人物看起来像是浮在那里似的。瑞士作家艾瑞兹·温·达尼肯于20世纪60年代在他的名著《神之战车》里提到，在棺盖中心处蜷着身子的那人实际是一个宇航员，他正在控制着自己那正在起飞的飞船。有些人甚至推测玛雅人突然消失的原因是他们随着外星人的宇宙飞船一同离去。我们认为，玛雅人对天文如此了如指掌，他们创造奇迹，却又神秘地消失，也许他们是外星人与人类的后裔，被先进的另外星球的"祖先"给接走了。

2. 随祖先沉入大海

据有关资料，有的学者认为，在大西洋中曾有一个大西洲，它经济繁荣，文化发达，可在10000多年前的某一天，它一夜之间沉入了大海，毁灭了。翻开地图我们发现，大西洲的位置离犹卡坦半岛很近。德国科学家莫克认为，玛雅人在公元前8499年6月5日13时开始了他们的新纪元。在玛

▼玛雅神殿

▲大西洋彼岸

雅人中流传着这样一句话："世界由5个太阳主宰，一个太阳代表一个纪元。"所以认为，若以上材料是真实可靠的话，那么，也许玛雅人会是幸存的大西洲人和美洲当地人的后代，他们深知祖先的毁灭，他们认为在公元后的某一天，又一个纪元将灭亡，所以集体向北迁移，并在之后的某一天，集体跳入大西洋，逃避世界的灭亡。当然，这一说还有待论证。

3．内部暴乱

据考古研究，在阿兹特克人到达陶帝华康城（Tonuhuacan）时，这座古城已经荒废了。考古学家认为大概是那儿发生了推翻僧侣神权统治的暴动，其现存的神像统统被砍去脑袋，祭祀神庙也被捣毁，也暗示了这一点。据此，我们推测，也许玛雅文化消失原因也是这样。大量祭祀的压迫使人民起来反抗，于是玛雅统治世界发生了大暴乱，导致玛雅文化的灭亡。

4．祭祀杀人过多

▼阿兹特克人

古玛雅人与阿兹特克人有许多相似之处。他们认为太阳将走向毁灭，他们认为自己的行为能延续太阳存在时间，他们必须通过做一些自我牺牲来保留太阳的光芒四射，阻止它灭亡。他们这种认识导致了以人心和血来喂养太阳的祭祀方式的出现。玛雅人以被用作祭祀为荣，奴隶主将奴隶的心挖出献给太阳，于是为此死亡的人越来越多。据说，16世纪西班牙人曾在祭祀头颅架上发现过136000具头骨！当时的人，为了庆祝特偌提兰大金字塔落成，在四天的祭祀中，奴隶主竟杀了36万人！我们认为，用于祭祀的人大多是族中身体健康的人。频繁的祭祀，使被杀的人不断增多。玛雅人大量减少，也许是造成玛雅文化消失的原因吧。

玛雅文明水晶头骨

在中美洲的贝利兹的玛雅遗迹中发现了水晶头骨。这个水晶头骨是个完全以水晶石加工研磨而成的，大小几乎和人类的头骨相同。至今玛雅后裔仍然会施咒于透明水晶，小心地带在身上。而玛雅人认为头骨是一种神明供物，象征和神明心意相通。制作这种水晶头骨是一种叫人难以想象的制作技术。水晶是一种硬度极高，几乎无法任意切断、随意造型的矿石，但古玛雅人却可以轻易地完成如此精巧的水晶制品。在太古时期，究竟是谁教会了他们这样的技术？是否来自地球之外，超越人类的存在，教导古代玛雅人这种奇迹技术？

根据古印第安人世代流传着的一个传说：他们的祖先留下三个水晶骨头，和人类的骨头一般大，下巴可以活动，能说话，能唱歌。据说这些头骨可以为人类的起源和死亡提供资料，亦能为人类解开宇宙生命之谜，当地球文明达到极致之时，它们会重新出现，并揭示人类过去和未来的秘密。两个为私人收藏，有一个收藏在大英博物馆。

水晶是最坚硬的天然矿物之一，考古学家称以现时的科技制造这些水晶头骨恐怕也有困难。

1. 水晶头骨的制作之谜一

令玛雅人为之顶礼膜拜的水晶头骨，后来经科学家鉴定这是从一整块很大的高纯度的水晶石上雕刻、打磨下来的杰出的艺术品。

检测工作于1970年在美国加利福尼亚萨坦科莱罗的海尔莱德－派克尔德水晶实验室进行。检测表明，水晶头骨是由真石英水晶制成，而天然真石英水晶完全是大自然的产物。它生于地下，个别石英水晶的形成过程需要上亿年的时间。水晶生长于地壳深处，通常都要经历火山爆发和

▼水晶头骨之谜

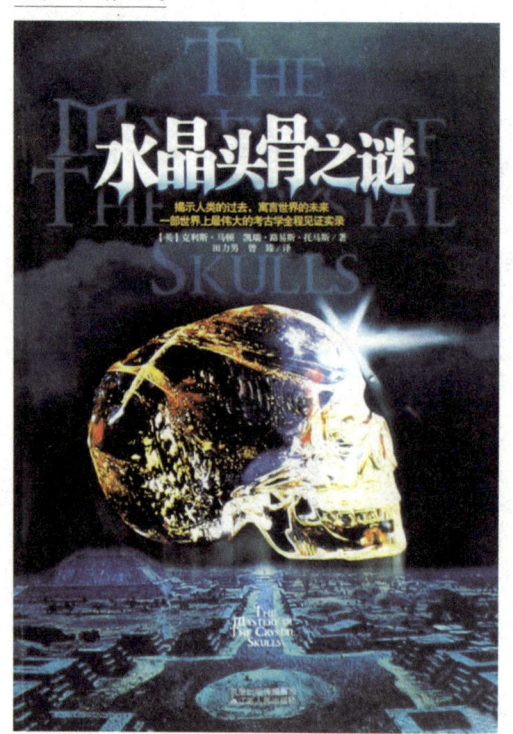

地震。在形成过程中凝结了巨大的热量和力量，然后由"种子"水晶将其释放出来。种子是由一个单一的硅原子在高温高压的作用下，与两个在高温状态下的水原子或周围的蒸汽中释放出来的氧原子组合而成的。原子组合以后就形成了带有单一水晶分子的二氧化硅，所有的石英水晶都是由这种物质组成的，其副产品为氢。在上千年的漫长岁月中，如果条件允许，这一单一种子就开始生长，但周围的流体必须含有适量的硅和水或是长期处于高温高压下的蒸气。当原生的流体慢慢地渗入二氧化硅的第一个分子上时，这个分子就开始衍生出另外一个和自己一模一样的分子，但在复杂的水晶结构中一次只能形成一个原子。水晶体内的每个分子形态都是重复相同的，每个分子自身都是一颗小水晶，每个分子都像前一个一样有着相同的形态。这样水晶就搭起一个复杂的三维结构架"水晶架"，其几何构成极其规律。就这样日积月累，渐渐地一块纯净透明的天然石英水晶就形成了。它的天然状态呈多棱形，通常是六棱形，长到最佳点就逐渐变细。

当然，并不是每块天然石英水晶都是完美的，在生长过程中它有可能受到周围铁、铝等大量物质的侵害，结果就出现了色泽上的变化。比如铝会使水晶变成烟灰色，这样的水晶被称为"烟色石英"；铁会使水晶变成暗粉色，这样的水晶被称为"玫瑰石英"。除此之外，高强度的辐射也会影响水晶的生长和色泽。只有在没有辐射和其他追踪元素的地方，才有可能长出百分之百纯净透明的水晶。

对此，检测小组非常惊讶地发现这种高纯度的水晶石可是世界上硬度最高的材料之一了。按照宝石专家所使用的摩恩硬度标准，它只比钻石稍微软一点儿，再加上它脆而易碎，无疑会给雕刻工作带来难以想象的困难。尽管如此，头骨的雕刻工艺却精美异常。根据检测小组估算，即使用当今带有钻石头的电动工具，也要刻上至少一年的时间。但是检测小组断定，要雕刻这个娇贵的物品，根本不能使用任何带钻石头的电动工具，因为它经不起用该工具所产生的振动、热量和摩擦，它会因此而破碎的。以至于一个小组成员不得不说："真难以想象还真有这样一个头骨。"

2. 水晶头骨的制作之谜二

检测小组最初认为，头骨有可能不是用现代工具制成的。后来的检测进一步证实了最初猜想的正确性。单纯从头骨极其平滑的表面来看，就看不出任何使用现代工具所遗留下来的任何痕迹，因为如果有就非常难以去掉。这些发现，足以肯定检测小组最初的判断是正确的——这个水晶头骨为手工制品。

可以想象，手工创制这样一个水晶头骨要花

▼水晶头骨

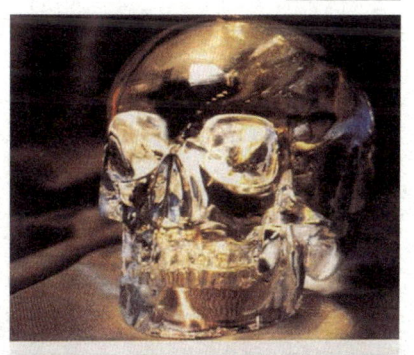

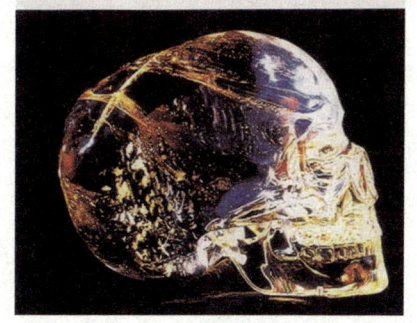

费多长时间。科学家们只能推算，这个头骨也许是用河里的沙子和水慢慢地一点点地从一大块石英石上磨下来的。也许还用铜线或用手拉的雕刻用的"弓"具。检测小组推断，这个水晶头骨一定耗费了好几代人的毕生精力！他们到底花费了多少时间是难以确定的。据海尔莱德－派克尔德员工杂志《测量》最精确的估算，有可能是300年！

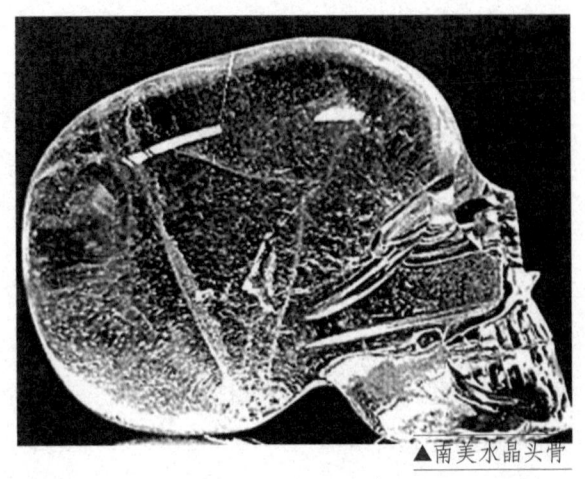

▲南美水晶头骨

无论是谁做这个头骨，都要从三倍于成品大小的一大块多棱石英水晶开始。开始时，他们无法知道水晶里面的纯度，也不知道有没有气泡或小洞，因此，他们事先要精心地挑出颗粒大小相当的砂子，先用大砂粒磨出雏形，再逐渐地用小砂粒磨出精细的表面，最后用小得几乎分辨不出的粉状物砂粒打光。而且，一旦中间有所疏漏，则要从头开始。甚至哪怕混进去了一颗大了点的砂粒，即使整个工作到了最后阶段也要重新开始。整个工作从头到尾，的确是十分艰难的。

这个发现的本身就让人难以置信。美国考古学家迈克·米歇尔·黑克斯也这样猜测过："这块完美的头骨，一定是人们不厌其烦地一代又一代地、夜以继日地花了大约150年，用沙子从一大块水晶石上磨出来的。"

同样，在《人》1936年的调查中，大英博物馆爱德瑞安·底格比也已经注意到"博尼先生（可能是米歇尔·黑克斯）手中的头骨看不出任何现代工艺迹象"。

至此，我们从最新科学技术中获得了确凿的证据，证明这个头骨完全是手工制作，绝没有使用过现代金属时期的任何工具。

然而，科学家们却怎么也不能测到它的制作年代。两位参与考古的历史学家杰克和查尔斯说，这是因为石英水晶根本不留年代记号，它从不会被侵蚀、腐化、风化或随着时间的变化而发生变化，就是这个特点使它成为电子工业中不可缺少的原材料。但即使是其他与水晶头骨一样没有可见年龄记号的工艺品，科学家们也可以通过测定碳原子组成部分的射线的衰化程度，来鉴定其原材料的年代和工艺。

因此，就检测小组现有的科学知识和尖端技术以及专业水平，是无法知道水晶头骨的确切年龄的。也许是几百万年甚至几亿年，有些人认为它和地球同龄，或者更早，要追溯到更遥远的时间。

但海尔莱德－派克尔德科学家发现了有关水晶头骨之谜的一条很重要的线索，即检测显示头骨不仅取材于一整块天然石英，而其中还含有压电二氧化硅的成分——就是在现代电子产品上广泛用的天然石英。

3. 水晶头骨的制作之谜三

根据英国考古学家杰克的解释，石英的压电性（piezo – electric）是玛瑞·库瑞的丈夫和他的哥哥于19世纪末发现的。"Piezo"是希腊语，意思是"挤压"，"electric"意为"发电"。事实上，用这种石英做成的水晶头骨，就像电池一样具有正负极。也就是说，如果你向头骨施加压力或"挤压"它，它就能放电。换一种方法，如果给它充电，它就会变形，并且保持自身的物质组成和密度不变。同所有压电晶体（Piezo – electric quartz）一样，水晶头骨在其他方面具有各向相异性（anisotropic），也就是说，除了它的组成物质外，其他特性的各个方向都不同于其他石英。就它的带电性能来说，电流的方向性是由 X – Y 轴来限定的，即电流只能沿有 X – Y 轴的六个特殊方向流动，而任何其他方向都是绝缘的。

在这种情况下，科学家发现电流的方向是垂直的，也就是说从上到下所有的 X – Y 轴都在头骨中心交叉。这就意味着，如果你从水晶头骨的上面给它充电，在充电过程中，它不但改变形状而且电流还会从头骨头顶径直通到地下。奇怪的是，如果挤压头骨让它放电，随着受力方向的改变，水晶内的电极方向也跟着改变。

海尔莱德－派克尔德检测小组也测试了水晶头骨不寻常的视性能。比如说光从下面导入，在头骨体内聚集以后，会准确无误地从眼窝处释放出去。这在知道了头骨可视轴的方向性后，显然是非常有可能的，因为位于石英水晶内部的电轴同样具有可视性。光在头骨中的运行速度，从一个方位出发比从另一个方位出发要快得多。杰克说，不仅一般散射的光经过头骨会有这样奇异的效果，就是直射的或极化的光照在头骨上，也会出现光沿着可视轴方向运行要比顺着其他方向运行快得多的现象，而且头骨还会随着光轴上的运行而旋转。

水晶头骨另外一个特性，是其让人难以置信的环境稳定性。这也是压电二氧化硅的另一个性能，这个性能使这种水晶成为现代电子应用中的无价之宝。也就是说无论在什么环境中，水晶头骨的各项性能都不会变化，尤其不会发生化学变化。而绝大多数相似的天然材料都会逐渐地受损于酸等化学物质，甚至于普通的水，而水晶头骨绝不会受其影响。正像杰克所说的："石英水晶具有极高的物理、化学和温度稳定性。它只对光和电作出反应，就是这一点使它在电子行业中成为不可替代的原材料。"

◀透明水晶做成的头骨

第三章
玛雅语言文字与社会

墨西哥总统洛佩斯·波蒂略说过："活的、古代的、目前依然纯洁的玛雅语，可以在我们国家其他地区通用，这将使我们能够传播财富、节奏、古老的知识、生活。玛雅世界古老的回声在这部字典中得到新的反响。"

今天尤卡坦半岛上的玛雅人似乎是平平凡凡的一个群体，一点也没显示出什么领导能力上的天才禀赋。而按理说，要在这几十万平方公里的土地上组织起一个辉煌的文明，建造成百上千的巨大金字塔、石庙坛等工程，那非得具备超常的组织管理能力不可的。难道祖先的天才品性是"十分天赋全用尽，不留半分遗子孙"？

玛雅语言

墨西哥总统洛佩斯·波蒂略说过:"活的、古代的、目前依然纯洁的玛雅语,可以在我们国家其他地区通用,这将使我们能够传播财富、节奏、古老的知识、生活。玛雅世界古老的回声在这部字典中得到新的反响。"

这段话是波蒂略总统1979年12月接见《玛雅语-西班牙语字典》编纂人员时说的。充分肯定了玛雅语言在历史上和现代生活中的伟大意义。这部字典是第一部大型的玛雅语言工具书,是由成立于1937年的"玛雅语研究院"的终身名誉主席、尤卡坦人类学和历史研究所创始人阿尔弗雷多·巴雷拉·巴斯克斯于1974年开始主持修纂的。这是语源学家、语言学家和语音学家对古代玛雅象形文字和现代玛雅民族口头语言进行多年研究的成果。全书1500页,收词45000余,注释20万条。但它未收录目前已经不用的词语,因为古时的词语如何读音已不可考。这项语言研究现在仍在继续。

玛雅语言对于玛雅文明的意义之大,自然不言而喻。

玛雅地区在古代或在今天之所以是同一个单位,主要原因是其共享同一种语言。语言保证了说这种语言的人民的民族认同。今天辨别玛雅遗民的主要标准就是看他们使用的语言,玛雅语使玛雅人与中美洲其他印第安人区别开来。

玛雅人热爱自己的民族语言。现代玛雅人坚定地维护着母语,几乎很少有人学说西班牙语,更不用说英语了。幸亏有这种语言上的延续性,我们才有可能聆听古老玛雅世界的回声,找寻古代文明的踪迹。

▼玛雅现代风景

玛雅语目前的状况正反映了玛雅古代文明的一些特征:既同一又多样。古代玛雅土地上"诸侯林立"的政治版图,在现代玛雅语言方言众多的现象中就不无反映。

玛雅语通行的地区有墨西哥的尤卡坦、坎姆佩奇、昆塔那罗,洪都拉斯的科罗扎尔、奥兰奇沃克和艾尔卡约,以及危地马拉的佩腾。根据《新不列颠百

▲墨西哥风光

科全书》的有关条目，还包括伯利兹和萨尔瓦多西部地区。

玛雅语系内包含各种方言。在玛雅古典时期，很可能是由一种产生于南部高地的语言，逐渐向北渗透，最后遍及整个尤卡坦半岛。虽然各地方言自成体系，但根本上都出自同一母语系统。

如果考虑到殖民地宗主国语言在中美洲蔓延的广泛程度，玛雅语言在地域上的封闭性确实令人惊奇。玛雅人在他们久远的历史上，似乎习惯于小国寡民的聚居生活，很少大举向外扩张。西班牙入侵之后，大多数玛雅方言仍然保留在原有的相应地区。很少发生人们想象中的人口迁徙现象。一个主要的原因在于尤卡坦半岛上的地理环境。这里几个山系自然地分割出不同地域，相应地，方言的划分也表现出一定的牢固性。

当然，真正的原因也许还在于其语言本身。玛雅语言是一种多词素语言，它的一个单词相当于英语或法语中的一个句子。这种结构同汉语非常相像。从词汇来看，它不同于其他中美洲的语言。玛雅词汇的词形变化不含任何语义因素，使用的规则也非常有规律，很容易辨识。所以，只要基本区分出其中的主要成分，也就是说，区分出名词、形容词、及物或不及物（有无动作效果）的动作词，以及它们相应的冠词和介词，即可明确句意。而西班牙语中词汇的变化形式要复杂得多。

不过，无论怎么说，西班牙语还是在许多方面影响了玛雅语。这种影响涉及词汇、构词法、语音、句法的各个方面。

语言是始终处于动态发展中的。虽然一种语言的音系、文字、句法、构词法确定后，

▼墨西哥海滩风景

▼萨尔瓦多海港

▲尤卡坦半岛傍晚的景色

▲尤卡坦半岛

其自身就会成为一个不以个人意志为转移的实体,有自己的运行规律,但是语言的存在毕竟无法脱离使用它的个体。而个体语言获得的过程既取决于外界语言环境所提供的词－物联结,又取决于个体指称客体的愿望、模仿学习、同化于约定俗成的语言习惯、顺应外界变化、调节内在语言认知系统等等的个性特征。一个民族在文明的发展、社会生活习惯的改变以及外来语言的影响下,其语言中反映出来的相应变化是必然的。

然而,一种语言在面临其他语言的冲击时,保持较强的相对稳定性,在某种程度上,也体现了它的自我完善性。就像汉语,具有比较成熟、完善的体系,在与其他语言交融的过程中,吸收、同化其他语种的能力比较强。玛雅语言跨越数千年,在民族主体的政治统一性受到重大打击、民族文化受到多次摧毁的情况下,不仅没有像玛雅文明主体那样面临灭顶之灾,反而继续流行于原来的地区,甚至突破外来语种的夹击,至今通行于中美洲的广大地区。

现代玛雅人应该为这一古老的回响而感到骄傲。玛雅人理解世界的独特方式,玛雅文化解释世界的智慧成就,玛雅人辉煌的历史传说,全部都蕴含在他们的语言之中。语言是一个民族、一种宗教、一种文化赖以存在、赖以留传的手段和标志。来自外部世界的专家学者,只是在发掘出玛雅古城遗址之后,才了解了古代玛雅的存在。而对于现代玛雅人这个民族来说,玛雅语言的存在和通行才是最有意义的。

玛雅古城及它们锁住的古代文明之谜,若要真正被解开,也还需要走近玛雅语言,先去解开这个文化传播媒介所锁住的谜。

◀玛雅古城

玛雅经书

　　成千册的玛雅文化典籍被西班牙宗教狂们付之一炬，这种狭隘与偏执暴露了西方文化那最不光彩的死角。当玛雅人好心好意地把自己文化经典中的宝贵内容讲解给大洋彼岸的来客们听时，他们万万没想到自以为圣明的天主教徒原来在一些基本知识方面还非常浅薄、愚蠢。

　　玛雅经书中记载着精确的历法，比起教会认可的格里高利公历（通用迄今）要高明得多，每年误差才1分钟，也就是说大约1500年才差一天。玛雅人的经书中还记载着不止一次的大洪水，人类的历史可以上溯到洪水前数十万年，这与《圣经·创世纪》关于洪水的说法大相径庭。玛雅人对行星运行轨道的深刻理解，远胜于当时欧洲的"地心说"。布鲁诺1600年还受到宗教法庭审判，被烧死在罗马的鲜花广场，这就难怪1562年兰达主教要烧玛雅经书了。

　　西方人被玛雅人那些惊世骇俗、离经叛道的高深见识惊得歇斯底里大发作，就在他们口口声声指责玛雅经书为"魔鬼的勾当"时，他们自己真的干出了"魔鬼的勾当"。这回该轮到玛雅人被他们的所作所为惊呆了。

　　大难不死、劫后余生的玛雅经文少得可怜，但总算没有被斩尽杀绝，使我们还能一睹古玛雅经卷的风采。这些经卷是以榕树的内层皮和鞣制过的鹿皮为纸，用毛发制成的毛笔书写的，蘸取的颜料是玛雅人自己制作的，包括白、红、蓝、黄、咖啡等几种色彩。

　　幸存的玛雅经文有4部，分别根据收藏地点或发现者来命名。

　　1.《德累斯顿抄本》：1739年，藏书家姚肯·克里斯蒂安·戈柴替德累斯顿王家图书馆从私人手中购得，其辗转易主的经历想必很复杂，可惜不为人知。这部抄本直到100年后才公开面世，1831～1848年出版的九卷本《墨西哥古代文物》，分三卷将其全文刊印。1880年德累斯顿图书馆又重新刊出了它的描绘本，共39页，各页连起来像折叠的屏风。

▼经文

内容涉及预言、新年仪式、金星运行规律、日食周期表以及天神伊扎姆纳（Itzamna）的生活图画等。

2. 《巴黎抄本》：1832年被巴黎国家图书馆收藏，但一直默默无闻，直到1859年才被最早研究玛雅文化的学者之一奥·戴波尼注意到，1872年首次公布。长1.45米，厚22厘米。

3. 《马德里抄本》：又称《特罗－科尔特夏诺》，乃残卷，缺头少尾，一分为二。一部分于1875年获得，1883年发表；另一部分已先于1869年获得并发表。

4. 《格罗里那抄本》：首尾缺失的残卷，仅余11页。这部手稿为美国纽约私人收藏馆藏品，直到1973年方由美国考古学家德·考尔公之于众。这样，一些较早的介绍，都不涉及它的存在，以为玛雅经文抄本只有3部传世。

这几部抄本形成于不同时期，《德累斯顿抄本》可能出自11世纪，《马德里抄本》可能是15世纪的手笔，《巴黎抄本》大概略早些。抄本，顾名思义，这些经书并不是玛雅最早文献的原件，而是祭司们在数百年中陆续抄录绘写的复制品。玛雅人的"纸张"，经不住500年的考验就要变成腐灰，所以复制经文也是自然而然的事情。不能仅仅从"纸张"材质上鉴定历史的远近，而应相信这些抄本反映了玛雅人相当稳定不变的古老观念和传统。

就是这仅存的几部抄本，尽管只占曾经存在过的经书的一个几乎可以忽略不计的比例，却已经为我们窥望玛雅智慧开启了一扇美妙的窗户。其中有玛雅人农业生产和渔猎等生活内容，有关于社会各阶层人民的生活制度、服装、饰物的规定，有关于婚丧嫁娶时祭神仪典的记载，有关于迁徙和动工建筑的仪式活动的记载，还有关于儿童教育的，当然，社会管理制度以及祭司、武士、工匠、商人、医生、巫婆等社会各色人等的活动都有所反映。

上述说法，还仅仅是今天能够释读译解的部分。尤其是当想到玛雅人曾经取得了那么令人惊叹的"单项"成就。比如说关于金星，他们已计算出其绕太阳一周需要583.92日，这个运行周期，1000年的误差率仅为一天。要知道这是玛雅人在欧洲人还没有哥白尼的"日心说"的时代，在没有现代天文科学仪器的条件下所取得的成就。再如玛雅人发明数学中"零"的概念，至少要比欧洲人从印度、阿拉伯人那儿学来早800年。这是玛雅人光耀千古的智慧，但同时也只是这智慧的一鳞半爪而已。

于是，完全可以设想那些尚不为我们所知的玛雅智慧成就，多得不计其数。传说在中美洲莽莽丛生的热带雨林中，深藏着玛雅人的"金书"。就像其他的玛雅传说曾经曲折地反映了某些事实那样，这也许就是我们寻找千古不灭的玛雅智慧的巨大希望。

◀《巴黎抄本》

文明的悲剧

在描叙玛雅文化的著作中,常常出现esoteric这样的形容词,表示玛雅人的宗教观念、学问知识大都处于"秘传"的状态。

玛雅文化宏大精深,天书一般的象形文字绝非外人所能了解,其书写与刻画的繁难复杂又岂是普通人理解得了的!这套书写体系显然不够平民化,使用起来费时间,费脑筋,还费体力呢!

从文化机制上说,玛雅人的精妙绝伦处,也正是其贻误自己的要害所在,这难道不是我们人类"智慧"症结的体现吗?一种智慧的发展也正是不智的滥觞,创造了一种可

▼西班牙风景

▲古代天文星象图册本

能也就剥夺了另一些机会,玛雅人没能尽早地离开令他们自我陶醉的美轮美奂的"天书",没能早些开始简朴的书写方式,没能更加贴近世俗生活的需要而用表义、表音的符号体系来记录大众的语言,就像中国人、欧洲人那样,于是,玛雅的精妙反而成了自己的障碍,以至于被西班牙人逼到山穷水尽的地步。

除了文字是秘传的复杂体系外,玛雅人一切值得骄傲的知识都是秘传的,为少数人掌握,由少数人传承。这些人是玛雅祭司。上层人士、贵族和祭司,把他们的子弟送入隔离的祭司学校,传授那些秘传的东西。通常权贵人物的长子继承其父的权力和地位,其他儿子很小就"入学"了,经过系统的秘传,相当不容易地成为新一代祭司。

天才的数学算术,从发明"零"符号到大工程的建筑设计计算,都由少数祭司掌握。高深精密的天文星象学,理所当然是祭司们的专长,他们要与神灵对话,要制定历法、安排农事和其他一切社会生活,就必须具备秘传的通天本事。即便现代信息社会日渐大众化的高等教育也只是涉及社会生产生活的常识层,真正精深的学问还须由少数人探究。人类能够使自己的一部分成员有条件超离出来从事探究形而上问题,乃是人类文明巨大进步的必要条件,甚至就是文明进步本身。玛雅人通过贵族、祭司、平民、奴隶这样的社会等级,通过少数人的高贵化,通过专职密授的方式,才达到了那么高深的知识程度,演奏出这个文明的华彩乐章。

然而,文明的悲剧就此埋下了种子。

▼三星堆青铜人像

或许在人类坎坎坷坷的历史上,曾经被扼杀的文明之花太多太多,由于早就遗忘,以致没有丝毫的痛心追悔,就好比翻录一盒磁带,抹了曾经录下的金曲而不自知。今天世界每天都有物种在悄然灭绝,这已引起生态学家的忧伤;今日世界的文化演变融合成这样的几大流派,也不知失去了多少美妙的文明体系。仅以中国为例,在辽西、内蒙古草原上垒筑圆形三重卵石祭坛的文化群体不知流落何方;而3000多年前曾经熔塑

出堪与希腊艺术媲美的青铜人像造型的三星堆古蜀先民,其血脉又怎样鲜活地存在于我们的民族性情中?……远去了的故事,淡化了的特性,融合同一的感觉,使一切显得自然而然。

但是,玛雅文明之花的凋谢零落,却在世界近代史(公元1500年之后)的清晰记忆中。于是,它成了引人关注、令人感怀的悲剧主角。人们一下子就抓住了玛雅败落的悲剧性原因:它直接受害于西班牙殖民者的扼杀,也间接受害于它自己文化机制上的"秘传"。

但是在1562年,西班牙殖民者的随军主教迪那戈·德·兰达还嫌40年来对玛雅文化摧残得不够,为了彻底地从精神上消灭玛雅人,传播他的上帝的福音,竟然野蛮地下令烧毁所有的玛雅文献,用象

▲形象的三星堆青铜人像造型

形文字记载的玛雅历史、文化、科学、哲学全都成了劫后灰烬。更令人发指的是,这位上帝的使者也把欧洲中世纪最可耻的火刑柱搬到了"新大陆"。难以计数的玛雅祭司惨死于熊熊烈焰之中,带走了只有他们才通晓的玛雅文明成就。兰达主教烧毁的是人类花了数千年时间在西半球培育的最为光彩夺目的文明之花。

这一悲剧的恶果直到今天还在让人品尝。许许多多的文化人类学家、文字学家、计算机专家都试图破译玛雅象形文字,从而解决文化史、科技史上的若干重要课题。今天在四本幸存的玛雅经书中,在庙宇、墓室的墙壁上,在金字塔和纪年石碑上,在陶器、玉器和贝壳上,还存有大量的象形文字。有一座金字塔,台阶上竟然雕刻着2500个象形文字。经调查,大约发现了850多个各不相同的字符,3000多个词汇。而能够释读的玛雅文字不足三分之一,这还多半仰仗那位罪魁兰达的记录,历史就是这样令人气闷。

释读失传的玛雅文字,这项诱人的研究,已经动用了各种手段,包括美国科学家的大型电子计算机,每秒百万千万次的运算也莫奈其何,迄今未有惊人进展。前苏联科学出版社列宁格勒分部1975年出版了著名历史学家、人类学家和古文字专家尤·瓦·克诺罗佐夫的新成果《玛雅象形文字手稿》。这位史学博士还著有《古代玛雅的文字体系》(1955年版)、《玛雅印第安人的文字》(1963年版)等学术专著,提出了解读玛雅象形文字的方法和规律,并作了一些译解和结论。20世纪60年代中,还有一位前苏联学者塔吉扬娜·普斯库里娅科娃也宣称破译了一些玛雅碑文,但并无下文,玛雅象形文字依然谜一样地挡住我们的视线。

▲玛雅文字

即使我们真的分析出了玛雅象形文字的图形结构和译读规则,那也是远远不够的。关键是要恢复古代玛雅语的语法结构,特别是要恢复古玛雅人的词汇。也许把问题仅仅看作现代玛雅人使用的玛雅语已经与他们的祖先不同还没抓住要害,人类学家应有更深的理解。玛雅语古今的差异还不是象形文字难以释读的原因,真正的原因或许在于:玛雅象形文字根本就没有真正记录玛雅语言。玛雅象形文字所组成的碑文、经文,当年是无须直接记录语句的,它只是给出一些基本的会意内容,秘传秘授的祭司集团可以用语句来翻译、解释、表达它。这可比拟于中国古代集地理、医学、科技、历史、民俗、矿学、动植物志等为一体的"奇书""巫书"——《山海经》。它的文字现存面貌充分反映了它的源本,它极可能是上古的图画符号记录,并在春秋战国之时成为文字译释、综合整理版本。从《山海经》可以反推到玛雅图画般的碑文、经文,《山海经》脱胎的那个更早的形象化蓝本与玛雅象形符号有着近似的意义,也都是巫师、祭司们秘传秘授的底本。相传大禹、伯益这样的圣王贤相用文字整理记录了《山海经》,而玛雅人则仅仅保留在祭司们的头脑中。但再反过来说,我们除了可以理解传承的文字以外,又不幸没有玛雅那种千年不坏的石头上的"天书"。玛雅似图似画、奇异瑰丽的象形文字,虽说现在一时还难以理解,但留得青山依旧在,终有云开雾散时——未来还有破译的希望。

总之,"秘传"引出了"秘则不传"的文化思索。人类文明的发展时时处处存在着风险,已经获得的成就也可能丧失,这是否可以启发我们文化机制上分散风险的灵感。鸡蛋不可都装在一个篮子里,玛雅祭司们就是"不幸摔到地上的篮子"。

▶神庙里的象形文字

玛雅社会组织结构

今天尤卡坦半岛上的玛雅人似乎是平平凡凡的一个群体，一点也没显示出什么领导能力上的天才禀赋。而按理说，要在这几十万平方公里的土地上组织起一个辉煌的文明，建造成百上千的巨大金字塔、石庙坛等工程，那非得具备超常的组织管理能力不可。难道祖先的天才品性是"十分天赋全用尽，不留半分遗子孙"？

或许今天的玛雅乡民果真缺少点儿领导能力的遗传，或许是他们的文化传统本身发生了变异，不再鼓励出人头地。这两种可能姑置一旁，因为它们似乎又是纠缠在一起的，不仅学理上"缠不清"，而且历史上也是"理还乱"。

摆在眼前的事实是：玛雅遗民们通常不愿意承担行政管理的责任，缩头缩脑，甘为人后。对这个奇怪的现象，应作历史的分析。

前述宏伟的建筑工程，实际上是玛雅祭祀中心、市镇群落的组成部分，主要是玛雅全盛期、古典期以及稍后的后古典期的产物，无一与西班牙统治时期有关。在玛雅社会体制未遭破坏的时候，社会等级是十分明确的。领导和管理的职能，严格而排他地限定在贵族和祭司们手中，与平民和奴隶无关。普通玛雅人只不过是提供粮食的农夫、提供烧柴的樵夫、提供用水的挑夫、提供各种消费品和宗教设施的工匠。

千真万确，是广大的玛雅群众以刻苦和辛劳创造出了金字塔、庙宇和宫殿，但他们却始终受到政权、教权的双重控制。"劳心者治人、劳力者治于人。"

▼墨西哥境内 玛雅人的金字塔　▶尤卡坦半岛卫星图

▲玛雅庙宇

▲玛雅文明

于是我们发现了简单的道理,尽管玛雅"劳力者"在劳动的过程中不乏具体的劳力技巧和创造火花,但是,他们在伟大工程上展现的井然有序和气度恢弘,却不得不归之于他们的政治领袖和精神领袖。劳力与劳心的完美组合,这才是文明发展的条件。

然而,这样过于明确严格的社会分工,必然需要文化机制的保障。等级制度与服从观念互为因果,互相创造、强化,最后固化,成为超越时空的文化基因,根植在一个民族的民族性之中。

我们也不该过分苛求玛雅人,他们在这方面的特点未必见得就比其他古代民族特别地明显。实际上,美洲印第安人与他们在生理上、文化上的近亲东亚人一样,都比较倾向于尊重秩序、尊重权威、尊重群体。玛雅人已经培养出了服从、合作的文化氛围,甚至在每个社会成员人格中埋下了这样的文化基因。

他们认为,等级是天然的,是神意,与个人努力无关;龙生龙,凤生凤,贵族与祭司这两个阶层内部自行重组、流动、世袭。于是,玛雅社会的"劳力者"集团与"劳心者"集团就长期处于界垒分明的状态下。这无疑会使一个社会的管理职能和领导经验相对凝滞地归一部分成员所有,进而在文化观念、心理倾向上也出现不同阶层的分化。玛雅社会在婚姻方面的门户观念,也使社会地位不同的成员流动性大大降低。

▼玛雅一角

宗教方面也没给各个等级间进行流动的精神支持,玛雅人各自都有生来注定的

保护神，都有各自的命运，这是社会秩序的常态和稳态在宗教上的反映。西方文明从上帝观念中幸运地推出了上帝面前人人平等，进而成为人文主义的天赋人权理论，最终才有了现代尊重个性的主张。以个人自由发展作为现代文明进步的推动力，这与劳心劳力分工以促进文明进步的玛雅模式大不相同，但对创造人类文明业绩这一点来说倒又是殊途同归。

▲玛雅之地　　　　▼神秘玛雅

玛雅人不喜欢我们现代人司空见惯的个人主义。他们那种人拉肩扛搬运数十吨巨石的工作，来不得个性化，他们必须步调一致听指挥，需要安分守己，安于自己的"职分"，守住自己心中的"不安分"。所以，我们在今天玛雅遗民身上看到了温顺的合作态度，竞争性在他们之中没有市场，就连孩子们的游戏里也不强调竞争。他们长大以后自然也没有非要胜过别人的强烈愿望，他们满足于当一名庄稼汉，自给自足，小有盈余。这就是我们所看到的玛雅凡夫们，一个极少有"出头鸟"的人群。

▼再现玛雅文明

说到"出头鸟"，我们的讨论则又有了新转机。

"枪打出头鸟"不仅是句谚语，也是一段史实。西班牙人的殖民强力首先落到了贵族和祭司这两个阶层头上。西班

▲神秘海景——玛雅

▼现代玛雅之城

牙军事威力突如其来地剥夺了土著统治者贵族的一切政治权力,而天主教教士迅速地取代了土著的祭司,以至于很快就没有多少玛雅领袖人物得以幸存下来了。

不可否认,这对玛雅民族是致命的打击。"劳心"阶层被消灭了,玛雅民族不仅失去了他们专享的知识和经验,还可能失去本民族用几千年历史专门"特化"出来的"基因群",失去了智力上超常、艺术上有天赋、特别具有组织管理能力的优秀基因。没有谁怀疑过今天玛雅遗民们的智力水平,所有有幸造访玛雅地区的观察家对玛雅人的聪慧都称赏有加,由此可以想象这个民族早年所拥有的精英分子该是如何出类拔萃。21世纪初,有人给某个玛雅村落世袭酋长拍过照片。无论以什么比照标准,这个偏远山村的小首脑及其年轻的儿子都相貌不俗,可谓睿智、英武、俊逸。而父子的酷似,又似乎证明了某种优秀的遗传性。但显然这个小村落只能展示玛雅世界极微小的一部分。

学者们正确地指出:古玛雅人在没有金属工具、机械设备等技术手段的不利条件下,竟然还能够创造如此辉煌的文明业绩,这完全要归功于他们高度成熟发达的社会组织结构。技术性因素不足,社会性因素充分弥补,这就是玛雅文明兴起的原因。说得偏激点,古代玛雅的"出头鸟"确乎是"出类""头挑"的领航员,否则玛雅文明不可能飞得这样高远。如此说并不见得是有违人民群众创造历史的总原则吧。

如果我们讳言生物学的基因的话,那么就改称文化学的传统吧。玛雅人失去了"出头鸟"的传统,"文化基因"失传了。

▼玛雅神秘感

自欺欺人的逻辑

玛雅人的心理中有一些似乎矛盾的现象，他们会把自己的行为用一套转化机制变成完全相反的意义。

著名玛雅文化专家莫利在 20 世纪上半叶，曾经讲过一个他亲身经历的故事。有一天他叫他的玛雅男仆把一窝小猫仔淹死。那个玛雅小伙子面露难色，说道："我不能做这事。"但他马上接着又说："不过我会把它们带到灌木林里去，离庄园远远的，把它们丢在那儿死去。"

他没有亲手去杀死猫仔，它们怎样死就与他无关，如果它们最后死在灌木丛里（那是确定无疑的结局），那就是天神的旨意和行动——不是这位玛雅小伙子的过错，他是完全不相干的人。

这套逻辑在我们看来实在是有点自欺欺人，但却足以满足玛雅人。他们万众瞩目的血腥人祭仪式的杀人场面，大概也是用这种逻辑解释的。不是人在杀人，而是神在接人上天堂。他们使自己摆脱了干系，与己无关。

这种与己无关的集体意识，可能与全民性的"缩头鸟"哲学不无关系，互为因果，甚至有可能导致了玛雅文明在 16 世纪被西班牙征服者摧毁。

奇怪的是，玛雅人的"无关"又是由群体"共担相关程度"来表现的。一件事越是与人人都"有关"，那就与自己越"无关"。没想到玛雅社会精心设计的集体主义文化，最后走向这种不堪的反面！

玛雅人就是用人人分担那么一丁点儿"干系"来使得人人"无关"的，偏远的玛雅村庄还保留这样的习俗，当某人死后要为他举行洗罪仪式。把尸体放在长条状木澡盆中洗过，洗澡水是稀玉米热汤。洗罢，亲属和众人一起分头把热汤喝光，象征性地承认分担死者的罪恶，使得死者的灵魂可以顺利入关进入天堂。他们

▼俯瞰玛雅

▲神秘玛雅

居然不怕自己的灵魂进不了天堂!原来每人都分担了责任,人人有份,连罪恶都"稀释"了!这样的集体负责制等于没有任何人需要负什么责任。

文化的表现样式,比如这洗罪分汤的仪式活动,无非象征某种深层的文化机制。而对于一个民族来说,其内心世界有着自己的统一性。许多看似无关的行为表现,却有着彼此相关的深层联系。猫仔不是我杀,而是神灵杀死的;死后我的罪责不由我,而由别人替我分担;别人的罪责转嫁到大家头上,而转到我身上的那点点可以忽略不计,至少我也不那么突出……种种各样,无非都是变"有关"为"无关"的推卸、逃避心态。

那么,能不能最好连汤都不喝呢?岂不彻底"无关"了吗?不行。人人"有关"的事情,我怎么可以"无关"呢?要是那样的话,我则突出于众人,变得最特殊、最与什么说不清的东西"有关"了。耻感文化那套机制又起作用了,每个人都非常在乎别人的评价,每个人都盲目从众以此获得个人责任的解脱。

走进玛雅人茅草盖顶的村舍,会看到一幅古典画面:猪呀、狗呀、鸡呀在屋里屋外任意闲逛,到处留下粪便;院子里,打碎的碟子、破裂的罐子、损坏的盘子躺在多年前它们被扔弃的老地方。这给大多数玛雅家庭带来的绝不是整洁的氛围。然而,眼见为虚,人言为实。玛雅妇女最希望讨个"好说法",她们是理家有方、勤于打扫的内当家。她们不仅"洒扫庭除",还专门每天额外地清扫家门外脏乱的街道。真可谓"自家门里屎不铲,专管人间路不平"!

把与己"无关"变为"有关",把"家政家务"变成"公关形象推出",这还是同一种心理倾向在作怪。不要里子要面子,在"有关"和"无关"的边界进进出出,这是一种文化上的"偷换概念"。玛雅人借助这种巧妙隐喻式的概念转换,把自己的罪与耻、责任与义务、畏惧与逃避、情愿与不情愿等矛盾统一了起来。

▼玛雅太阳神庙

文明的缺憾

祸兮福所倚，福兮祸所伏。这样的辩证法无论怎样强调都不过分。个人如此，民族也如此。当我们选择了一种生存策略时，就要同时接受它正面与负面的后果。那种一分为二的"精华""糟粕"观念，多了些二元论；而去其糟粕、取其精华的念头又多少有点异想天开，做成了的大餐无法回炉。

面对生存与发展的种种挑战，一些种族败亡了，一些种族反而日益发达起来。兴盛起来

▲玛雅文明遗址"墓中神庙"

的文明，即是进化史上优选的智慧基因。玛雅人在中美洲土地上赢得了"选民"的荣誉。然而，他们又被无情地抛弃了。他们曾经取得巨大成功的文化策略，没能应付变化了的挑战。尽管他们躲过了公元9世纪那场突如其来的文化崩溃，离开他们生活了几千年的基地而在尤卡坦北部重新开创了一个文化繁荣期（尽管多多少少有些失去水准），但是，当欧洲人彻底改变他们的文化生态，给他们的生存与发展提出严峻挑战之时，他们没能逃脱灾难的结局。土地被占领了，城市被摧毁了，民族被征服了，文化被湮灭了。

▼玛雅一角

玛雅人的文化机制出了问题！一种曾经在许多个世纪里给予他们战胜挑战能力的文化，却使他们先天地对另一些挑战产生不适之症。为了对付以往的生存难题，玛雅人已经把自己的文化"优化""特化"了，也就难以"转化"

▲玛雅建筑

"进化"了。

在中美洲地形复杂、相互隔离的自然环境中所形成的各自为政的松散局面,使得玛雅人被各个击破。他们没能以一个强大统一帝国的政治军事力量,击退一支几百人的西班牙殖民军。

为了使人民安于职分而形成的文化机制,比如驯服、谦让的民风,也为征服者的颐指气使准备了心理上和人格上的条件。文化传统要求玛雅人遵从贵族和祭司的统治,这在20世纪80年代仍然余风不绝。一位访问者在玛雅人聚居区看到这样的场面:当一位裹着红头巾的人士走过,在场的玛雅乡民全都毕恭毕敬,据说那个裹红头巾的人是有身份的人物。玛雅乡民对他们的祭司(已经相当世俗化的当代人)也十分崇拜信奉。由此可以想象300多年前玛雅先民该有多么"唯上主义"。他们的酋长被西班牙大大小小的总督取代,他们的祭司被西班牙主教、神甫取代,但驯服与崇奉的关系却没被改变。

为了一种社会内部的秩序,玛雅文化特别设计了许多关于男尊女卑的文化隐喻。它确实解决了两性冲突,保障了社会分工,促进了文明进步。但是,却没料到造成了一个十分戏剧性的文化"报复"。

1519年,毁灭玛雅文明和阿兹特克文明的罪魁科尔特斯踏上玛雅人的土地。初战告捷后,战败的塔巴斯科玛雅人给他送来了黄金和20名年轻姑娘。其中一个少女是其他部落已故酋长的女儿,人长得美丽机灵,不仅懂得当地方言,而且会说阿兹特克语。科尔特斯给她取名为玛丽娜,聘为翻译官,进而变成秘书,再进而纳她为妾。这个嫁鸡随鸡、嫁狗随狗、嫁科尔特斯姓科尔特斯的"玛丽娜",死心塌地地为其丈夫效命,在殖民者征服玛雅人和阿兹特克人的过程中起到了极为重要而恶劣的作用。这是不是玛雅文化的悲哀呢?

我们能理解宗教对于一个民族走向文明的作用,容忍种种在我们今天看来荒谬的东西。但是,我们很难平静地看到它不仅无助于那个民族,反而危害那个信仰它的民族。在玛雅文

▼宗教建筑

◀宗教

▲西印度群岛

明遇到欧洲入侵者严峻挑战的时刻,玛雅宗教没能像它在历史上那样给玛雅人以精神上有益的支持,相反却成了不折不扣的"麻醉人民的毒剂"。

玛雅神系中那些最主要的神是怎样的相貌呢?天神、雨神、月神、战神这几位座次最靠前的大神都长着欧洲人那种长长的鹰钩鼻。要说这是对玛雅人略带点儿突出的鼻尖的写实描绘,实在讲不通,毕竟玛雅人是蒙古人种印第安民族。这种欧洲式的鼻子来源于夸张,夸张的目的乃是为了神赐的神异性,所谓"异相与神通有关"嘛。不料有一天真有一些高鼻子的人打上门来,这就足以令玛雅祭司惊讶了。

这个推测很可能是符合实际的,因为有旁证。玛雅人的近邻(相距几百公里)阿兹特克人就相信,来犯的西班牙人乃是归来的羽蛇神。在他们的宗教传说中,好战的神德兹卡却波卡用诡计驱逐了慈善的羽蛇神。当羽蛇神含恨而去时,曾经发誓要返回来,夺回失去的王位和权力,重新保佑他的子民。这就像基督教所宣称的,上帝总有一天会降临人世来作末日的审判一样:恶有恶报,善有善报。阿兹特克人的君主蒙提祖马二世作为好战之神德兹卡却波卡的现世代表,相信自己迟早会被羽蛇神罢黜。当西班牙人占领了西印度群岛以后,那些"白脸、蓄须、身着五彩服装"的传闻就使得预言变得近在咫尺了。后来的故事我们很清楚,蒙提祖马二世开门揖盗,乖乖地成为科尔特斯的俘虏。

▼玛雅人雕塑

尽管这个故事不是发生在玛雅人身上,但也不无可借鉴之处。特别是上文提到了西班牙人"蓄须",这胡须也许也和鹰钩鼻一样不可小觑。一般说,玛雅人没一个是多胡须的,男人要么是一根髭须都没有,要么是极为稀疏。玛雅母亲们用热布烫她们孩

▲古建筑遗存

子的脸颊，甚至用诸如镊子之类的小工具把个别的毛发连根拔除。虽然通行这一做法，但是从古王国时期的雕刻和彩陶上看，类似现代的山羊胡须还是有人蓄留。这表明，现在的风俗只是下层阶层的情况，浮雕上蓄须的形象却限于上层人士或者神祇。这样一来，胡须颇浓的欧洲来客不就越加天然地具有高人一等的身份证明了吗？

对神灵的信仰，对祭司预言能力的迷信，这些都曾是整合玛雅社会的有效文化手段。然而，当西班牙人已经把屠刀架在他们头上时，卡克奇克尔部落却还在向祭司乞灵。祭司们预言，雷电会击死敌人，只要在雷雨天到河对岸去，就会看到雷电惩罚邪恶者。于是他们失去了警觉，被西班牙殖民者击败，只得仓皇败逃，躲进山林。这不仅是临场失去警觉的问题，而是预先就注定丧失了自信、自救的能力。

做成了的大餐无法回炉。一个文化混合体一旦确定下来，它已经用自己的机制将各种社会成员、各种心理成分做好调配。几千几百年中一道道工序，已经吃了许多年了。实在无法还原到原味重新来过。成也由斯，败也由斯。

玛雅宗教和悠久的文化，在每一个人的心中建立起逆来顺受的无意识。这样勤俭、安分、规矩的顺民当然容易控制。内心的信仰、自我以及欲求的平衡，已经为他们提供了一种固定的心态；社会文化为自己复制了一个又一个社会化的适应文化、代表文化的原子。

玛雅人的驯良造就了玛雅文明中集体主义的杰作。但也是这批文明人，对外来无礼的入侵表现出同样的驯良，人为地促成一个与他们的神话相类似的末日故事。

文化编造出种种故事帮助人类存活、繁衍，在脱离动物轨道的灵性方向上迅跑。这些压抑、投射、升华原始欲望的手段一旦确定，就为文明复制着生物人以外的文化人。然而，有一天，文化性对生物性的改造达到违反生物求生本能的地步，也不能不说是文明的一种缺憾。

▼玛雅文明的经典图

第四章
玛雅文明的时空观

　　玛雅人相信自己现在是生活在第四世界。在此之前，曾经存在过三个世界。第一世界的居民是些矮人。他们建造了许多伟大的城市。这些城市的废墟仍留在玛雅人现在居住的地方。他们所有的建筑过程都是在黑夜中进行的。太阳一出，矮人们就变成了石头。今天的考古学家在一些石祭台上发现了雕刻的矮人形。这些祭台是现今发现的最古老的石块之一。玛雅神话中所说的那些废墟中的石头人，也许就是这些刻有人形的石祭台。

社会身份的确证

现代文明体现在让人的肉体和精神都获得尽可能大的解放,这种文化精神深入人心。高贵之词如自由民主,美丽之词如爱情幸福,大到宗教信仰,小到光头协会、迪斯科,总之是让人的肉与灵怎么舒坦怎么来。

但是,我们在一些古老文明中看到的却常常是相反的倾向,例如玛雅人把孩子的头颅夹扁,眼睛弄斜。要把这离奇古怪的行为说成是某种智慧的体现,实在不太直观。然而,把它放在特定的背景中,并把它作为有利于生存与发展的文化策略,怪诞又显得合理了。

为了实现那些使身体畸变的陋俗,玛雅人煞费苦心地发展出了适当的技术措施,尽管这套技术听上去太不人道了。

婴儿一降生就要施洗,干干净净的四五天后准备开始一系列的磨难。小家伙的头上被绑上头板(一种专用的夹头型木板),一前一后两块板把新生儿的额头夹扁,一块在额头,一块在后脑。这副头板要在婴儿头上固定若干天,等到取下后,孩子接下去一辈子都会保持扁平的头型。在玛雅人眼中,夹扁头型、压低的额头乃是美丽的标志。所有玛雅人的侧面人头肖像,诚如我们在玛雅艺术品中看到的那样,都显示这一做法肯定曾经极为普遍,当然这是指在上层阶级中间。

▼玛雅人

另一个更为离奇的显示"高贵"的标志,是成为斜视眼(对眼儿)。母亲们有意试着来产生这种情形,她们在孩子两眼之间下垂的头发(刘海儿)上悬挂小玩艺儿,通常是树脂小球。这些树脂小球在眼前晃来晃去地吊着,使得小孩子不由自主地盯着它们看,而这样就有助于使他们的眼睛变得内斜视。

玛雅人也没放过他们头上的其他部位。耳朵、嘴唇、鼻孔间的隔膜,都被穿上孔眼,用来缀挂各种装饰品,质料包括金质、铜质、玉质、木质、贝壳、骨头和石头等。

我们现代人乍闻嘴唇、鼻孔间的隔膜上打洞,不免怦然心惊,颇难受用。殊不知我们习以为常的戴耳

▲神秘的玛雅古文明

环穿耳洞与之岂不异曲同工,人类何以如此"虐待"自己的肉身呢?

大自然中的其他物种绝对不会去做诸如此类损害自身的事,而产生了文化的人类却相反。那么,这类身体畸变行为就并不那么简单。人类的每个分子,都长着一个容量不小的脑袋,这就是人尴尬的原因。一方面,为了生存必须彼此结为群体,互相认同;另一方面,自我意识的苏醒又使人总想让自己区别于他人。

这个既认同又区别的哲理,大约就是文化智慧的真谛。

玛雅人的上层阶层用改变肉体形态的方式,显出与众不同,是在本社会内部作某种区别,是在一个文化内部凸显出某种"亚文化"。而古希伯来人生下来便施行割礼,这种肉身上的自戕却是要把自己的社会、自己的文化、自己的种族与其他社会、文化、种族加以区别,显出与众不同的优越感,即所谓"上帝的选民"之类说法。

由区别而定义出高贵或美丽,由此看来,高贵和美丽从起源上就极富主观性。

最初的手段还是在打天然本钱的主意,把肉体当作客体加以处置,直截了当。于是就有了扁头和斜眼,就有了鼻洞和凿齿,就有了纹身或割礼……不同的文化遵循近似的心理过程而"创造"出五花八门、千奇百怪的文化样态。所谓文化的进步,大约就是人类用以区别的手段越到后来越间接,越是离天然本钱来得遥远,转而在天赐的肉体之外去寻找互相区别的方法,文学呀,艺术呀,宗教信仰呀,生活方式呀,风俗礼法呀,如此这般,而已而已。

玛雅人"首"上的"饰",也起着类同的文化功能。无论是美丽的扁头、高贵的斜眼,还是戴金缀玉,都明确地显示了自己的社会地位,既区别于别的社会身份,又认同了自己的社会身份。这种区别与认同,对于古代社会文明的长成无疑具有推动作用。现代人对此应能了然于心,为了认同与区别,真是各竭尽所能,花样百出。从服饰到饮食,从思想方式到艺术趣味,都时时不忘趋从时尚,又时时企念标新立异。在一次次的"发烧"中,社会文化变得越加多姿多彩。

▼玛雅人像

生活习俗法制化

玛雅男人每天都必定要洗热水澡，这种近乎奢侈的日复一日的生活程序，是否意味着玛雅人是世界上最爱清洁的民族呢？然而，玛雅家庭居室内部的脏乱与此形成了鲜明的对比。玛雅妇女除了为丈夫洗澡提供周到的服务以外，似乎并不热衷于清洁卫生。

男人干完地里的农活回到家，会有一顿美餐等着他，鲜肉、煎饼、蚕豆、鸡蛋、蔬菜，或许还有鹿肉、牛肉、仔鸡什么的，这得看家庭经济状况。饭后，妻子给丈夫准备好热水，澡盆边还放着干净的替换衣服。如果妻子没能准备好热水，丈夫可以因此揍她一顿，这一点居然堂而皇之地写进西班牙统治时期的法律条文，毫无疑问，这条法律是对长期而普遍流行的玛雅习俗的反映。

▼玛雅文化

▲印第安人

▲库尔德人的战争

洗澡竟然洗出了法律！其中大有奥妙，从中可以看出一种文化机制中所蕴含的微妙智慧。

西方有一种时髦的说法——两性战争，认为男女两性之间的生理差别和自然分工，表明人类的中间是一条性别的裂缝。男人和女人的权力之争在千万年的历史进程中时隐时现，未尝停息。所谓母权制、父权制的理论正隐含了两性之争。从300万年前非洲古猿化石的形体差异到现代女权运动的兴起，同一个主题在反复演奏。

一个性别对另一性别拥有权力，这是事实。然而，"哪儿有权力，哪儿就有反抗"（福柯《性史》），一个社会不会允许它的内部结构总是处在激烈对抗之中，它总有办法找到某种平衡。我们在玛雅文化以及其他许多种文化中都看到了某种巧妙的平衡机制。

▼非洲土著部落裸露的原始生活

玛雅人和库尔德人、印度吠陀人、圭亚那印第安人等，都实行男女分餐制。玛雅男性（丈夫、儿子）在妻女的侍候下用餐，等他们离开饭桌后，才轮到母亲和女儿就餐，这一现象在中国古代社会里也能类似地看到，所谓"男女不同席"的古训即可作此解释。作为习俗的男女分餐和次序，把两性的地位固化在每个社会成员的心里，成为性别权力的绝妙隐喻。

一种文化的最奥妙部分，大概就是它的隐喻了。通过曲折的象征功能，玛雅人摆平了两性的权力关系。男人耕作，女人做饭，男女分餐，

▲少数的印第安人居住地

▲印第安人的家园

这些并不特别；玛雅人的智慧在于人为地夸张了妻子为丈夫烧洗澡水的意义。这种小题大作、上纲上线，甚至夸张到诉诸法律的做法，实际意义远远不如其象征意味。

这是一个虚张声势的压迫。无论从卫生还是感性上说，男子洗得干净对女子自身有百利而无一害。一般说，妇女总是被看成具有爱整洁的天性，她们通常是喋喋不休地要求懒散的丈夫、孩子变得整洁起来。难道在玛雅人中情况就果真大颠倒吗？非也！男人给了女人一个绝妙的台阶，在一个对女性有利的事项上故意虎起脸来显示男权压迫。

耍这个威风不会受到女人的认真反抗，一种愿打愿挨的结果导致了男性对女性的性别优势得以象征性地确立起来。

玛雅人恰当地处理了耐受压迫的限度问题。明确宣布男人对女人的权威，却是借助于洗澡这样一件生活小事。对女人来说，在洗澡这事上承认男性霸权并不见得如何难以忍受。为丈夫准备一澡盆温水，并不特别烦难。既然可以轻易做到，那么丈夫揍妻子的法律就并不会真正经常地执行。相传中国商代用酷刑峻法严禁把炉灰倾倒在街上的行为，其思路是这样：炉灰扬尘会引起路人口角，口角会导致殴斗，殴斗会严重到彼此凶杀的程度。与其用重罪禁止冲动的殴斗凶杀，不如防微杜渐，治其根本。倒炉灰小事与酷刑重罚之间，反差过于悬殊，那么，人们做到不乱倒炉灰，必定比做到忍怒不相殴杀要容易得多。最后施行这条法律的结果肯定是很少有人犯禁。中国古人的倒灰法律与玛雅人的洗澡法律真可谓有异曲同工之妙。这里有某种可"通约"的真智慧在其中！

洗澡法律虽是一个象征、一个隐喻，然而结果却是真实的，男性达到了自己的目的——他们支配着她们。

▼乌斯马尔石雕之城

极强的二元论倾向

玛雅宗教有一种极强的二元论倾向。在他们的万神殿里有明确的善恶之分。好神带给玛雅人风调雨顺、国泰民安，恶神则带来饥荒、洪灾、死亡和瘟疫等自然的不利，还会带来战争、内乱等社会性的灾难。好神和恶神共同对玛雅人的生活起作用，以他们特有的相互牵制、相互渗透的组合方式作用于人类，他们的喜怒哀乐投射到玛雅人的社会生活中，表现出生活和命运不以人的意志为转移的不可捉摸性。

这种善恶两分的倾向在许多生命力较强的宗教中都有表现。比如流行于欧美各国的基督教，不仅信仰上帝，也承认有魔鬼撒旦，并且认为两股势力在人以外的世界互相争斗，有时撒旦还会跑到上帝面前告状，使耶和华动怒，惩罚人类。以这种方式，宗教机制极微妙地制造了一个变因众多的宗教世界，从而使神与人的关系也由单一的保佑关系或公正原则变得扑朔迷离，成功地使之接近充满偶然性、不断流转变化的生活的本质。只要宗教中存在两种尚不能分出胜负的势力，那么神性世界的总体面貌就不会是静止不变的。而只有当神性世界的面貌、神对人的态度是可变的时候，宗教才能解释人所受到的诱惑、平安、打击等常变的遭遇，人心才能于常变中维持心态的平衡和不变的信仰。

小时候听人讲故事，人物一出场就急着问，是好人还是坏人。长大了就觉得很好笑。用好人、坏人的眼光去看人，真是很傻。

后来学习辩证法。可有一阵子始终分不清"一刀切"和"一分为二"，

▼玛雅宗教雕像

不都是分成好的和不好的、对的和不对的吗？再后来才明白，不能一刀下去分成好坏就完了，无论对好的还是坏的，都要看到它内在的好坏两面。也就是说，用好坏这种简单的方式去把握世界并没有错。但这个标准要动态地把握，要在任何时候都把准这对立的两极，懂得坏中有好、好中有坏。并且正好相反，在不同层次、不同时刻，好坏是可以互相转化的。

这个认识过程看来像是在纠缠字义，实际上却正是认识过程的规律。正如《易经》所说：太极生两仪，两仪生四象，四象生八卦。人之初，物我不分，混沌一片。婴儿眼中的奶瓶和他自己的手臂一样，是他自我世界的内容。小孩子的原始情绪区分得也很粗略，没有什么明显的爱憎。等到有所喜，有所恶，懂得失意与得志的时候，就算是领悟了有暑热也有寒冷的道理。等到对所恶者知其所以恶，在失意时仍懂得怀有希望的时候，才算理解到这一阴一阳的动态含义了。一生二，二生三，三生万物。在第一层中见到阴阳，在阴或阳中又见到阴阳，乃至在阴中见到太阴、少阳，在阳中见到老阳、少阴，甚至将一阴一阳相承相负，流转相易的道理运用于理解万物。这是中国古代智慧的最高成就之一。真正参透其中道理，并且突破纸上谈兵的层次，将此原则运用到人生的每一次出击，每一种等待中去，是一个很高的理智境界。

然而，太平洋对岸的玛雅文化，却用宗教的手法来处理这个问题。他们让好神和坏神共同左右自己的生活。好神带来雷电、降雨、丰收（雨神、蛇神），恶神带来死亡、毁灭（死神、战神）。比如，雨神恰克对一棵小树表现出扶持；而死神阿·普切却将树一劈为二。好神和恶神不仅彼此争斗来控制人所赖以生存的自然，并且还竞相争取人的灵魂。玛雅人深信，他们的一切祸福都取决于神的情绪、神的力量。这也是祭祀、庙堂在玛雅社会生活中占据如此重要地位的一个原因。

▼刻有死神的玛雅石碑

然而，也就是通过这种宗教二分机制的设立，玛雅人将一种对立而统一的复杂机理深深扎根于人心的无意识中。玛雅人不可能用静止的"一刀切"方式去看待世界了。在小树茁壮成长的时候，他们意识到死神随时可能以各种方式将其摧毁。在和平丰收的季节，他们仍然要为随时可能来临的不意之灾祭祀。他们始终能在乌云中看到太阳，在战胜时看到失败。一种阴阳互易、祸福相继、无常为常的思想，从幼年起就扎根在每个玛雅人的心中，也扎根于这个民族的初年。宗教将这种理性智慧以非理性的方式固定为一种文化基因，等到个体的理性成熟后，能自然地用它来平衡命运的多变，平衡人心的各种欲求和各种自律。

用好、坏来划分人，是简单化了，是傻；用好、坏来划分神，是文化的成熟，是智慧。

通往天堂的护照

玛雅人的天堂在13层天之上，那上面美妙无比。人的想象力所能达到的所有幸福美好事物，全都汇聚在这个玛雅人的王国。

持有无须签证便一步登天的那种硬档"护照"的人，包括这样几类：自杀者、战死的武士、作人祭牺牲的人、难产而死的妇女和祭司。

这份值得玩味的"入境者"名单，确有不易理解之处。要说直接与天神交接并作为"天国"在人间的特命全权大使的祭司，可以直接返回天堂述职，这还比较好理解；作人祭的牺牲者可以进入天堂，也在情理之中，因为他们原本就是航邮给天国神灵的礼物，总要让神灵们在天国查收吧。但是特意把难产而死的孕妇放在"大使"和"邮件"中间，却是出人意料的。

▲印第安酋长

战死的武士有资格进入天堂，这也不成什么问题，因为武士集团就是社会的政治特权阶层，他们是大大小小的贵族，其中最高地位自然就是酋长、首领了。他们战死沙场，才赢得进入天堂的门票，然而自残自戕的家伙却排在了他们之前，这又是为什么呢？

细细想来，这恰恰是玛雅人智慧之所在！

资料虽然简略，但也足够想象真相。16世纪的兰达主教在他的题为 *Relacion de Las Cosas de Yucatan* 一书中写下这样一段话："他们（玛雅人）说那些上吊自杀的人升入他

▼宗教文化

们的天堂，并且把这当作完全理所当然的事情；这样就有许多人因为悲伤、麻烦或疾病等微不足道的原因而自己上吊，以此来摆脱这些事情而进入天堂安息，天堂里有他们所说的名叫Ixtab的绞架女神会来使他们重新苏醒。"

天主教是坚决反对自杀的，因为人自己无权杀死自己这个由上帝创造的生命作品。于是兰达主教用不以为意的口

▲玛雅宗教雕刻

吻把悲伤、麻烦和疾病说成是"微不足道的原因",实际上我们应把悲伤改成"悲恸欲绝",把"麻烦"改成"致命打击"或"不堪重压",把"疾病"改成"病入膏肓"或"不治之症"。

撇开西方人教义的偏见来看玛雅人的自杀原因,可能就得把"微不足道"改为"难以忍受"了。人因为难以忍受的原因而走上绝路,虽不能说理所当然,但也至少是可以理解体谅的。这里应多一些对人类需要的同情和关怀,多一些深层的爱和理解。

20世纪90年代到来时,人们开始认认真真地讨论起"安乐死"的问题。虽然传统的宗教信条和世俗的道德戒律还固守着阵地;包括反对"堕胎"等,但是,越来越多的人对"安乐死"寄予了更多美好的希望,这是人类同情心与博爱精神日益成长的体现。

在这个背景下,我们将不难称许玛雅先行者们先知先觉的明智和大彻大悟的同情,他们为那些不得不自寻短见者的灵魂,安排了欣慰的乐园。

他们也为难产"殉职"的产妇安排了天堂这样的好去处,同情心在这里还是主要原因。不过若只看到这一层,那么我们的智慧还没能企及玛雅人的精深奥妙。

文化观念多少都免不掉潜在的社会现实功利目的,它曲折地反映了社会的客观需要。以一种情感上、感觉上可接受的形式来掩盖赤裸裸的利害动机,这就是文化隐喻机制之一。如果这机制是个体与个体之间有意识地运作,那就是"欺骗"了;而在群体或社会

▲建筑艺术 坛庙

中以集体无意识方式运作，就只能叫作人类必要的"文饰"，也就是"文化"，就是文明，就是智慧。

请想，妇女生孩子虽是自然法则，但造物主并没有让这件自然而然的事情万无一失。相反，妇女难产死亡却是司空见惯，而在现代医学科学昌盛之前，妇女难产死亡率是相当高的。为了保证社会与文化的延续，人的再生产是近乎本能的功利目标。玛雅人为了复制自己、传承自己的文化，不能不把发给祭司、贵族的"天国护照"也爽快地发给生孩子的妇女。这种崇高荣耀，在我们看来无非是空心包子，而对玛雅人来说却好像真的是什么实惠的许诺一样了。

然后我们重新想一下上吊自杀的背后又隐藏着什么。这次我们触类旁通，领悟到玛雅人也许又有某种潜意识中的实际利害。有的野蛮民族有杀婴习俗，有的还把年老的父母背上山崖推下去，他们的残酷乃是出于无奈，低下的经济能力无法背负过重的包袱。联想一下，我们今天呼吁推广"安乐死"，不也隐含着不愿为毫无指望的"植物人"（丧失知觉、仅靠输液维持的绝症患者）白白耗费金钱、精力和感情的这一层"理性"的动机吗？那么，玛雅人巧妙地"鼓励"自杀，大概也是为了剪除社会机体上有害无益的残肢败体吧。至于让战死的武士得到荣耀，那显然是为了激励士气，培养为了民族利益不惜捐躯的尚武精神。让作为献祭牺牲的人死后进天堂，则是祭司们为了他们草菅人命的陋俗鄙仪的延续而进行的"欺骗"。且不管人祭究竟对一个民族文化的兴盛有什么意义，单从那些即将被剖胸挖心作献祭牺牲的可怜人，义无反顾地一步一步踏着陡立的台阶，自己登上庙坛之巅，欣然躺倒就位的可怕场面，我们就已经彻底明白了人与他的"文化"究竟是怎样一种关系！

▶玛雅宗教壁画

新奇传说与远古生活

第一世界、第二世界、第三世界的划分在现代政治词典中有着明确内涵。但是，玛雅人心目中的四个世界概念与此完全是两码事。

该来的总要来。在玛雅人心目中有一种根深蒂固的宿命论观念。它的根源也许就在于这种第四世界观。

玛雅人相信自己现在是生活在第四世界。在此之前，曾经存在过三个世界。第一世界的居民是些矮人。他们建造了许多伟大的城市。这些城市的废墟仍留在玛雅人现在居住的地方。他们所有的建筑过程都是在黑夜中进行的。太阳一出，矮人们就变成了石头。今天的考古学家在一些石祭台上发现了雕刻的矮人形。这些祭台是现今发现的最古老的石块之一。玛雅神话中所说的那些废墟中的石头人，也许就是这些刻有人形的石祭台。

这第一个世界最终为一场大洪水所灭。haiyococab这个词在玛雅语里意为"漫遍天下的大水"。第二世界的居住者是dzolob，意思是"侵略者"。结果也为大水所没。第三世界居住的是玛雅人自己，他们是普通百姓。淹没它的第三次大水被称为hunyecil或者是bulkabal，意思是"浸没"。

前三个世界分别被三次洪水摧毁之后，出现了现世，也就是第四世界。这里的居民混合体包括前三个世界留下的所有人，以及这个世界自己的居民。眼前这个世界也将为第四次洪水所毁灭。

▼墨西哥尤卡坦半岛

这个故事充满了悲观主义的宿命论情调。过去的世界一次次被毁，留下的也许只有石头。今天的世界再美再好，也会被不知何时将至的洪水无情地毁掉。这其中表现出人面对灾难时深层的悲哀和无助。

类似的无助感，

▲洪水泛滥

我们当然可以在玛雅人社会生活的许多细节中体会到。试想,玛雅历史上频繁的战争送出去多少可能被杀或被俘的农夫?玛雅人的宗教活动中要杀死多少人牲?热带雨林的沼泽、毒虫、鳄鱼,尤卡坦半岛上的台风、海浸、火山,这些自然灾害每年会夺去多少人的生命?玛雅人的许多城市都有良好的水道系统,有些城市甚至建筑在半山腰上。玛雅人时时处处意识到毁灭性力量的来临,也时时处处准备提防灾难的危害。

死神在玛雅万神殿中占有突出的位置。玛雅人相信,恶神对人类的诅咒始终存在。它们拖着正在腐烂的身躯,和那些对人类友好、保护人类的神一起注视着人间,随时准备把手伸向毫无准备的人。无论是面对好神,还是面对坏神,人类总是处于完全被动的状态。主宰他的是这些神的意志;他的生命取决于它们相互较量的结果。

人在宗教中与神的关系,往往决定着他对生活的态度。因此,普通玛雅人对生活很少奢求。今天的玛雅人仍然保留着这种传统。他们总是恪守本分,种地吃饭,很少追求过分的奢侈品。他们这种安于天命的态度与第四世界的基调非常和谐。他们根本就是在演绎同一个主旋律。

传说中的人知道灾难是必定会来的,但是不知道这第四场洪水什么时候来。在这样一种预知难免遭灾的心态里,他们不求无祸;而在灾难降临之前,他们又能知足常乐。玛雅老人在自知将去之际,会表现出安之若素的态度,坦坦然然地迎接死神,这种难得的心理平衡伴随着玛雅人度过种种突如其来的灾难,艰难而又坚强地存活了下来。

▼冰川

世界上许多民族的古老传说中都有洪水的影子。玛雅传说中用洪水象征了一切毁灭性的力量。而其中关于第一世界矮人的说法又似有几分真实性,如果说它不是以真正的史实依

▲干旱

▲洪水泛滥

据而浓缩、改编的故事,至少这其中很可能隐约反映了一种久远而痛苦的记忆。

确实,人类是太痛苦了。相比较大自然化海为田、风云常变的力量,人类实在太渺小。相比较全球性的冰川、干旱或温室效应,相比较地球上司空见惯的山崩、洪水泛滥或风雨,人类实在太脆弱。有史以来,不知多少民族覆灭了、消失了;而另一方面,几乎每一个民族都有大逃难、大迁徙的经历。人们在不断地设法躲避灾难。努力改善环境定居下来,努力观察自然寻找规律。古代文明都在有山有水的好地方发端、发达了。人们在那里安居乐业、聚居繁衍。人们也在那里引水填壑,造福子孙。人们还在那里积累经验、尝试去读懂天文地理。然而,文明发展的过程很漫长;人对自然的了解、掌握也很有限。山水虽好,也有令人遭殃的时候;知识虽好,也有不测之风云。

玛雅文明可以算是世界各文明中成熟较早的一个。从玛雅人所处的热带雨林气候和他们种植玉米的情况来看,要解决温饱问题并不太难。这里雨量充沛,一切生命都在迅猛地生产、迅猛地繁殖。

然而,灾害却也从未远离过他们。玛雅文明中最发达的是天文学。人类探究天文星象的道理,最直接的动力就是了解天气变化、掌握四时雨旱的规律。玛雅人精确的历法、先进的数学,都是在这种原始好奇心驱使之下所获得的。它们只是天文学的副产物。玛雅人设计了精美的石建筑。也许他们并没有想要将它们永远留住,不过,他

▼山崩

们肯定考虑到了可能来自飓风、暴雨等的侵袭。

第四世界的故事还表达了一种轮回思想。洪水可以一次次地来，但人还是一次次地组成世界。这个世界可以从有人到有房屋、有城市、有一切东西。灾难意识始终同建设意识交织在一起，不断重复。到后来，这种重复突出的已不再是灾难的不可避免，而是人对它所采

▲火山喷发

取的态度。照旧建设、照旧生活，既处之则安之。在每一次灾难过后都顽强地生存下去。促使玛雅人去创造那许多文化产物、促使玛雅人生存至今的，应该是这种百折而不回的建设意识。

人们会很轻易地评说玛雅的宿命论，然而，我们也不应忘记玛雅人对于命运的大灾难，有着出奇的开阔胸襟和博大气魄。你看他们数千年不懈地逐日用编年法累积计日，使用的时间单位以 18 或 20 进位一直到第 9 等级，理论上可以上溯到几百万几千万年前。

现代人因为对环境变化引发灾变的恐惧转而去控制污染，开发替代性能源、控制人口增长，甚至还想开发迁居地外

◀地震所造成的危害

▼风雨卷起巨浪

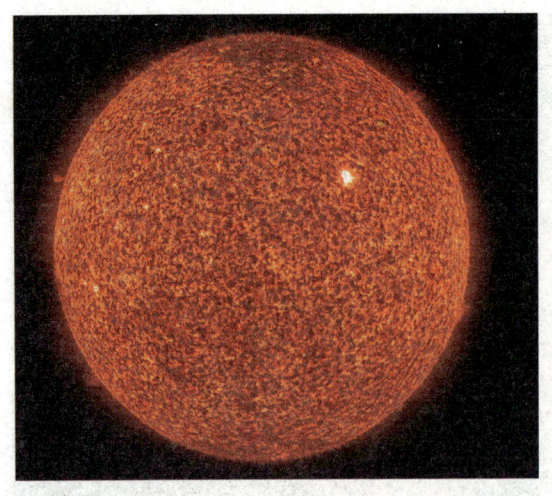

▲太阳黑子和耀斑

的新航线。这真是人类文明的伟大之处。然而,古代玛雅人离洪荒年代不远,甚至可能仍依稀记得人类历史上前一次大灾变。那些今天已不再对人类构成毁灭性打击的地区性小灾变,对他们来说,都可能意味着世界末日的到来。人口众多,科技发达的现代人,在面临世界大灾变的威胁(或仅仅是对大难临头的想象)时,尚且如此有动于衷。仅处于新石器时代的古代玛雅人,确实只有无奈的份了。

玛雅人的伟大就在于这无奈背后的泰然,就在于这无奈同时的孜孜以求。他们的第四世界的传说最精彩之处,就在于它不同于其他民族的一次性"世界末日",用一种群体保存族类的精神争取在灾变之后的再生。

前些年在巴西发生了一起蛙类大出击事件。一种异常大个的蛙类集结成数以百万计的大军,从山区向人类居住的城镇发动地毯式袭击。所过之处,草木不生、人畜不兴。人们在它们所经之处设置各种陷阱和防线,全部被这支大军一一冲破。成批成批的蛙死去,但后继者踩着同伴的尸体继续进攻。这些"神蛙"的数量优势和不断自我恢复的攻击锐气,令人们心惊胆寒。有一种说法称这是动物对人类不断进犯的反攻。不管事实是不是真这么有理性,我们还是可以从中领悟到一种轮番出击、矢志不移的强大的生存意志。

玛雅人像蚂蚁搬家那样,以简陋的工具创造了新石器阶段最灿烂的文明。他们像那些"神蛙"一样,坦然地去接受灾变,并且在灾变中寻求保存自己,一如既往地奏响自己文化的生存主题。

▼洪水之灾

▼金钱神蛙

第五章
玛雅建筑与艺术造诣

玛雅艺术的最高成就首先表现在各种造型艺术品上。现存最古老的石雕可以一直追溯到公元前4世纪,这种加工石头的艺术活动在古典期的辉煌谢幕前(731～889年)达到了全盛,成为近代以前西半球最完美的艺术创作。

舞蹈在玛雅人生活中太普遍了。而与其说它是一种自由消遣,不如说它是一种已经仪式化了的宗教活动。

谜一样的玛雅象形字

人人都知道玛雅人使用象形文字，但实际上，象形文字只是从埃及那儿借用来的说法。象形文字一词，初见于公元前1世纪希腊人迪欧多勒斯·希库罗斯的著作。按希腊语拆解开来，指"神圣的雕刻"。然而，"神圣的雕刻"的说法倒是出奇地符合玛雅象形文字的情形。

玛雅象形文字都是"神职人员"专门主持刻写的，其高深莫测非普通玛雅人所能了解，更不要说外部观察者了。19世纪一位年轻的美国外交官约翰·劳埃德·斯蒂文斯，醉心于玛雅文化的高深莫测，但他的最大障碍是不可逾越的文字关，他无法知道这些神秘精致的图画符号讲述着怎样神奇的往事。他在现今洪都拉斯境内那个"浪漫与辉煌之谷"靠近古玛雅城市中心科潘遗址的地方停下脚步，以50美元的高价（要知道那还是19世纪70年代后实行黄金本位的时期）买下一块地，作长期研究的打算。但他对玄奥晦涩的玛雅象形文字实在感到"超出智力所及"。他说："当我凝望着它们之时，想象力常常痛苦不堪！"

诚如其言，直到今天，文字学家们还是谈不上对这些文字全部识读。已知850余个玛雅象形字，只有三分之一仰仗当年西班牙随军主教兰达的记述而被了解，其余三分之二数百年来都未能"起死回生"。现代学者或驰骋想象，或钩玄考据，或者祭起"战无不胜的科学"法宝，乞灵于大型计算机每秒上百万次的运

▼玛雅象形文字

算分析，结果依然照旧。间或有性急自信的人跑出来宣称破译了谜底，但也都查无实据、不了了之。

谜一样的玛雅象形字，你究竟像什么！

现存的玛雅象形文字是被刻在石碑和庙宇、墓室的墙壁上，雕在玉器和贝壳上，也用类似中国式毛笔的毛发笔书写（或者叫描绘）在陶器、榕树内皮和鞣制过的鹿皮上。总量相当多，单在科潘遗址一座金字塔的台阶上，就有2500多个。这就是世界巨型铭刻的杰作之一"象形文字梯道"，古怪而精美的象形文字布满8米宽、共90级的石头台阶。

▲雕塑

金字塔坛庙与象形文字的结合，清楚表明其宗教的性质。四部存世抄本上的象形文字，也无疑是宗教为主的用途。尤其值得注意的是，这种象形文字似乎像是从天上掉下来，从石头缝里蹦出来的一样，我们只能看到它从头至尾一成不变的成熟完美，而不像其他古老民族的文字有一个逐渐从简到繁的发生发展的轨迹。比如汉字在成熟的方块形态之前，经历了许多不成熟不确定的形态，如甲骨文、金文以及半坡陶器上的刻划纹。戴维·迪林格指出："玛雅文字……在被我们发现时已经非常成熟，因而可以推想，它必然有过一段我们尚无从知晓的进化过程。"

然而按文字学的理论看，玛雅文字又仅仅停留在一个简陋初级的阶段。就世界范围说，文字都经历了三个不同发展阶段，一是图画或象征的文字，由画面来讲述整个故事；二是会意文字的阶段，用符号代表一定的意义；三是表音文字，这时文字与语言真正结合到一起。玛雅文字显然要被归入第一阶段，但实际上它的形式完美性远远超过了甚至像半记音字母化的古埃及那样的象形文字。我们是否能在认可上述文字发展阶段理论的同时，另外再找寻一下玛雅文字自身特殊的发展契机和动力呢？

▼带有象形文字的石环

宗教方面的原因必然是首选，这在前文已有所铺垫。当然我们还可以考虑玛雅人热衷于形式完美的民族性，他们具有善于把具象的描绘与夸张特征的抽象很好地统一起来的才能。

玛雅人最初所象之形，极有可能就是神祇。神祇的形象都很特别，或长着像野象那样的长獠牙，或长着安徒生童话里匹诺曹那样的长鼻子，或脸上涂着代表腐烂死亡的黑圈。而表征这些神祇的象形文字都是抓住其最突出的特点

▲瓦罐艺术品

加以夸张抽象,通常只画他的头像。头像即代表神祇们的文字。

这里的神祇头像极有可能只是夸张的面具,真人自然不会长得如此怪模怪样,而人们崇拜的神灵却需要一个变形夸张、神奇可怕的嘴脸。

面具从石器时代以来就一直流行于世界各地,几乎所有民族都能看到它的表现样式。它常常代表超自然的神、死去的祖先以及一些虚构的人物,也可以是某个人物的肖像。因此,面具常常被用作与各种神灵对话的手段,以祈求保佑或借以抵御难以预料的灾祸。我们从玛雅人的宗教仪式活动中正可以看到这种动机。我们甚至还可以假设,所谓在经卷中出现的神祇,或许是戴着代表该神灵的面具而出现在某个祭仪的祭司。

人类学家指出,印第安人(玛雅也在其中)的一些没有文字记载历史的民族,把戴上面具定期举行仪式作为联结过去和现在的重要纽带。今天说玛雅人当然是有象形文字的,但他们也必定有着未曾发明文字的漫长岁月。也许他们正是通过描画各种各样代表不同神灵(他们是泛神论者)的面具这一特殊的道路,走向文字符号的发明。这就是为什么玛雅象形文字大都是怪模怪样的头像(包括简化、抽象和抽取局部代表整体),而几乎没有对非宗教的日常实际事物的描画。

也许玛雅人把一切都看作是有神灵的,都是个别的,北极星是北极星神,瓦罐也不是瓦罐而是瓦罐神。于是,我们就看到了千百个神灵头像(面具)的造型。这就是特殊的玛雅文字起源和特征。

人类学家还指出了一个现象,几乎所有的面具都是出自"专业"的雕刻师,这其中或许又是"通神异禀"的宗教观念在起作用。我们不会忘记,玛雅象形文字正是由具备"通神异禀"的"专业"祭司所掌握的。这是否也能作为一个解释玛雅象形文字起因的思路呢?

不论怎么说,美洲三大文明的另两个都比不上玛雅。印加人只会"结绳记事",阿兹特克人是对玛雅文字拙劣模仿。如果说文字的发明和使用乃是文明的真正标尺的话,那么玛雅人就是哥伦布到达之前新大陆上最为文明化、最富智慧的民族了。他们独立地发展出一套精致的书写体系。

▶哥伦布

造诣极高的天才民族

玛雅人无疑都是以绚丽的色彩表达情感的艺术行家和建筑大师。他们用五彩渲染生活的每一个场景，用刻刀留住情感的每一瞬间。岁月的消磨，并不能彻底遮盖他们的辉煌画面，在玛雅名城皮那德拉斯·内格拉斯（Piedras Negras），他们特意把一座"美术博物馆"（画廊）留给惊讶的后人；在他们城市建筑群的每一处显露的表面，都精心雕刻有神怪形象和图画般的文字浮雕。难怪这个天才的民族被誉为美洲新大陆的"希腊人"。

▲玛雅古建筑　　▼刻在台阶上的石雕

但这个称誉并不准确。玛雅人就是玛雅人，他们不是希腊人或其他什么人，他们是他们自己。他们的文化是他们自己创造的特征鲜明的文化。

让我们看看玛雅先民在艺术上所达到的不输任何其他民族的极高造诣吧。

玛雅艺术的最高成就首先表现在各种造型艺术品上。现存最古老的石雕可以一直追溯到公元前4世纪，这种加工石头的艺术活动在古典期的辉煌谢幕前（731年～889年）达到了全盛，成为近代以前西半球最完美的艺术创作。尽管殖民者最初的破坏活动造成毁灭性的后果，以致今日并不能准确地再现欧洲人到达之前玛雅人所达到的艺术成就，但是，即便如此，那些遗址残迹还是让人可以由衷赞叹他们丰富的想象力和艺术技巧。

后古典期的玛雅雕刻从属于建筑，主要是为了美化。雕刻作品既包括写实的，也包括图案化的，人物或具有人的特征的神灵形象是主要内容。在此之前，玛雅人并不太追求建筑表面的装饰，后来他们常常烧石灰，用灰浆涂白建筑表面。到了后古典期，装饰建筑的正面墙壁成为一项必不可少的工序，或雕刻，或描画，形式繁多。

除了建筑物的浮雕以外，玛雅纪年碑石上也有这种雕刻艺术。他们的造型艺术品还包括一个重要类别，即偶像的塑像，大大小小，形式多样。石质、玉质、木质、陶制的偶像随处可见，玛雅人还在祭祀献祭时用树脂胶来捏塑动物心脏的形象。除了宗教上的用途外，日常生活也被造型艺术所表现。有一个精致而古拙的妇人抱犬携子陶塑，极能反映玛雅人的生活情趣。一位玛雅妇女在自己的右乳下怀抱着幼犬，一手牵着孩子漫步。小犬依人，孩子娇憨，妇人安详，栩栩如生，神形双绝。

玛雅人在绘画上虽说没有达到雕塑那样的水平，但也不失为重要的成就。这些绘画用取材于植物和矿物的颜料画成，比方说，他们懂得从蚁穴的氧化铁中提取红颜色。画笔是用人的头发制成的毛笔，故而画起来线条流畅，色彩表现力相当强。

现存最古老的壁画于1937年在瓦夏克吞发现，表现的是重要的宗教仪式。而玛雅最辉煌的绘画作品，是堪与中国的敦煌、印度的阿旃陀、希腊克里特岛的诺萨斯相媲美的玛雅"画厅"，1946年发现，位于墨西哥恰帕斯州东部（玛雅腹地的皮那德拉斯·内格拉斯城）的博南帕克村。

▲石雕

画厅分为三间，每间画室的内墙上布满精美的彩画。制作年代一说是公元13世纪末，一说是公元6至11世纪，但从内容上看，有一组画反映了公元1世纪到公元8世纪的生活。

壁画内容涉及庆祝仪式、战争与凯旋、贡献俘房等重大事件。因此，场面不是设在王宫大殿，就是选于兵戈沙场。人物众多，但构图疏密有致，丝毫不乱。

三间画厅中的第一间，房间结构与其他两间一样，屋顶在四边墙上以较大的坡度向上延伸，最后汇聚于顶梁。从墙根至屋顶，全部成为画师们的画布。四墙以淡海蓝色为底色，描绘仪仗队。屋顶的四面分别以土黄色为底描绘"真人"和其他首领，用浅天蓝色为底描绘神的面具。三层构图分割井然有序。其间人物肤色为棕红色。仪仗队成员各人手持铙钹鼓号、羽扇火把，一字排开，将三位战将围在中间。战将们全身披挂，还戴着用神圣的克沙尔鸟的绿羽毛做成的头箍。所有人物比例准确，形态各异。线条流畅、着色精细。

屋顶部分的总体色调更加明亮。下面三分之二画面描绘真人接见14位首领的场面。首领们一律白袍加身,头戴各种不同的羽饰或动物头骨,耳朵、手腕、脖子等处各有不同的玉制饰品或挂件。他们的遮羞布或简或繁,但相较一般平民装饰,都要华贵得多。应该说,画家在以白袍统一他们的身份之外,尽可能地表现他们的个体差异性。体态肥瘦、神情张弛、举手投足、左顾右盼,都有区分地加以表现。虽然不能说有《最后的晚餐》那么传神逼真,至少也使这身份相同的十几位人物充分保持了个性,毫无雷同之感。

他们的旁边就是真人的御座。那是一个很大的石台,占满了较窄的那面屋顶,还延伸到相邻的两边。石台上又搭了一个石桌,真人身着便装很随便地坐在上面。与他同座的还有他的妻子。真人侧身望着一个抱着小孩(可能是王储,他正在观看这一盛大的场面)的仆人,好像在叮嘱着什么,旁边阶下有众多仆人在忙碌。

在御座的另一边是下面墙体上出现的那三位将领。所不同的是这里的他们,正在仆人们的服侍下披挂起全副行头。画面上的他们也许是所有人物中着装最鲜艳、因而勾画时也最烦琐的。他们身披美洲豹皮,挂着很大的玉石项链,还戴着玉石耳环、手镯,正等着仆人把羽制头饰(长度垂至膝盖)佩戴起来。

屋顶最上部分勾画最为细致。神的面具由各种横竖平直但末端呈须状卷曲的线条(色条)组成。用色复杂,但和谐统一。颇像中国戏曲脸谱,但从轮廓来讲更像中国老式门环上的兽形图案。

整个画厅如此有序地组织在一起。总体上看色彩缤纷绚烂;从细部看,上色细致,人物姿态生动。置身其间,仿佛确实听到人声沸扬、鼓乐喧天,看到众人奔忙又秩序井然。

通常被引用的局部画面的主题似乎是武士向将领献上战俘。无论衣饰的细节,还是总体的布局,无论是人体的比例还是各个人物的体态设计(尤其是画面中心那个俘虏),都可以列为经典名作。

▼美丽的墨西哥

画厅的保存真是奇迹。它们分明是在透过斑驳的风尘侵蚀,展现玛雅艺术家的天才。通过它们,人们见识到了玛雅文明的另一种风光。

他们的现实主义风格大约超过了近代之前美洲所有其他地区达到的水准。而到了古典期之后,玛雅艺术风格又变得夸张虚饰,大有西方世界的巴洛克风格之神韵。

鬼斧神工金字塔

金字塔本身已够神奇的了，何况又被涂上了一些神秘色彩，比如说，有些人做了些模型，发现金字塔内部的空间形状，与在这个空间中所进行的物理的、化学的和生物的变化之间是有一定联系的。利用适当的空间形状，研究者可以加快或延缓这类变化过程的进行。说得直白一点，死猫放到金字塔小模型里那个特定位置就变成木乃伊；钝刀片放到那个位置则会变锋利，据传这还取得了某国的专利！

这种玄乎的说法，也必然从埃及大金字塔波及玛雅的类金字塔形建筑，以致产生对人类智慧的怀疑：如此深奥的东西难道真是人类自己创造的吗？这样神秘兮兮的气氛固然有助于人们发掘彻底研究玛雅金字塔，但是，金字塔的奥秘还只能从玛雅人的文化和智慧中去寻找，并不需要对超自然力量的祭拜。

实际上，玛雅金字塔与埃及金字塔并不完全一样。埃及金字塔几乎全是方基尖顶的方锥形，而玛雅金字塔的每个侧面不是三角形，而是梯形，它的下部为阶梯，上部是平台，平台上通常还建有庙宇。埃及金字塔形状几乎完全一样，玛雅人却把他们的金字塔

建成各种风格的变体。有的甚至有60°左右的陡斜的坡度，从塔脚下向上望去，塔身高耸入云，十分威严神圣。玛雅祭司和献祭者就沿着几百级、甚至上千级的台阶，一步一步登上金字塔顶，这给金字塔下的观众造成了通天的感觉。

玛雅金字塔的数量惊人，有人说仅在墨西哥境内就有10万座大大小小的金字塔。就目前已知的遗址分析研究，大致分为四种类型：（1）平顶金字塔，上建庙宇，这种类型最为常见，可称玛雅金字塔的基本形态；（2）尖顶金字塔，仅见于蒂卡尔城，其顶上的美洲豹庙很小，只能看成塔尖；（3）壁龛式金字塔，发现于墨西哥的维拉克鲁斯，塔基呈方形，边长118英尺，高80英尺，共分7层，塔身雕凿了365个方形壁龛，恰好每个代表一天；（4）陵墓型金字塔，这在中美洲只发现过一次，即帕楞克城玛雅人首领巴尔卡的陵墓金字塔，他的尸体停放在塔身深处一巨大的拱顶密室中。

▲玛雅奇琴伊察羽蛇神金字塔

金字塔的另一主要功能是供祭司们观察天象。在玛雅图谱中经常发现这样的图画。阶梯顶部有一房子，里面有祭司用于观天象的交叉十字棍。金字塔从任何一面看，都是阶梯加神庙。祭司有时仅用眼睛观察，十字棍是用来定点的。玛雅人观星的精确度很大程度上取决于、也表现于这些高耸入云的金字塔。在没有望远镜等现代设备辅助的情况下，要达到准确的观察就必须站在一个极高的位置，从而越过广袤的丛林，将视线投射到遥远的地平线上。玛雅祭司们对天气、农时的准确预报，依靠的就是他们长年累月不间断的观察和记录。

另一方面，恐怕祭司们经常登上高可通天的金字塔，如坐云端，对他们半神半人的权威来说，也是一种很好的包装。

◀神庙和金字塔

丰富多彩的精神生活

　　运动躯体、转弄喉舌，歌舞是所有民族的自发活动。也难怪，人类本来是灵长类动物，腾挪扑闪，舒臂长啸，自由自在惯了。有了畜牧业、农业、渔业，有了安定的聚居生活，除了打仗之外，平日安居乐业之余，当然会忍不住好好活动活动筋骨、"狂呼乱叫"一番。

　　据亲眼见过玛雅人舞蹈的人说，有一次举行盛大集会，方圆 75 英里之内，70 余个部落，约 15000 人前来参加。人们踩着鼓点，跳着各种各样的舞。旁边的观众也是人山人海。不同的观察家估计玛雅舞蹈种类不一，有说 1000 的，有说 800 的。不过，有一点可以肯定，种类确实繁多。

　　男女都有各自的舞蹈，极少男女共舞。有一些战争舞，参加人数近 800 人。大家手持小旗，跟着鼓声迈行军步。虽然场面盛大，然而人多不乱，居然没有一个人迈错步子。还有一种舞叫 colomeche。众人围成大圆，有二人随着音乐声步入圆心。他们手持一把芦苇。先是一人跳舞，在舞的过程中始终保持手中芦苇的竖直向上。与此同时，另一人采取蹲式。两人始终不出圆心。然后，持芦苇跳舞的人用力将芦苇扔给对方，而另一人则以极高超的技巧，用一根小棍将芦苇接住。扔接完成后，他们两个回到原来位置。另外二人在音乐声中登场。

　　舞蹈在玛雅人生活中太普遍了。而与其说它是一种自由消遣，不如说它是一种已经仪式化了的宗教活动。被文化熏陶了的人，已经服从于严密的群居生活的人，不能再像动物世界中那些独立生活的朋友们那样，自由地手舞足蹈了——从这个意义上说，20 世纪的迪斯科多少为人类找回了随心所欲手舞足蹈的乐趣。

　　宗教性的舞蹈一半是娱神，一半是疯狂。文化精神分析派学者将宗教仪式上的神舞解释为一种暂时性的癔病发

▼宗教性的舞蹈

作。那些在激烈的身体扭动中体验到神灵附体的舞者经常会当场抽搐、战栗，表现出一种极度的狂醉感。精神分析理论当然将其归结为性释放或力比多冲击，而说到娱神，以舞取悦神，当然也是取悦人。观赏性舞蹈肇始于斯吧。

总之，从自发性的活动肌体到有规划的组织舞蹈，处处表现了文化为人类本能寻找种种代偿性满足和升华的努力。在这个过程中，产生了各种集体性的参与舞和观赏舞。人们从舞蹈中想到了人声以外的其他乐声，进一步推动了纯音乐的发展和普及。

▲科潘玛雅遗址

谈到艺术，还有一种形式也是在文化中产生较早的，这就是戏剧。所有古老民族都较早地认识了戏剧。也许因为文化本身就是人类精心编排的一出戏。

戏剧最早大概都与历史、神话有关。活灵活现地演绎祖辈的史诗，是非常生动和有效的传统教育方式。其逼真的效果大概不亚于黑夜里听老人讲口传文学故事的效果。

玛雅遗址上有些小型平台。其上层平面经考古学家鉴定，从未有过搭建更高层建筑的痕迹，它们就是一些戏剧舞台。戏剧作品在玛雅人中间流行很广。有职业演员，有专门道具。虽然戏剧作品记录一份也没有留存下来，但据查有一些可知的喜剧剧目。

▼玛雅人头像雕塑

戏剧就是这样，从讲授历史而走向民间去反映生活。文化给每个人都带上角色，配好面具。戏剧舞台上的角色和面具又把人拉入另一种境界。让人做不能圆的梦，让人诉说不明的情。人在看戏中投射自我，也在看戏时反观自我。就这样，文化固定了人的角色，又创造了一种机制让人在演戏和看戏时自由进入角色。文化配给人面具，又用舞台的自曝还人以真实面貌。

没有文化，人不用创作舞蹈、规定程式；没有文化，人不用戏装，不用表白。而有了文化，人实在需要舞蹈，绽放自我；人实在需要戏剧，寻找自我。

特色鲜明的玉石面具

在一座掩映于墨西哥丛林中的金字塔深处，考古学家们发现了一位高级祭司的墓葬。陵墓深广，巨石林立，最显眼的地方都以浮雕的形式刻画着祭祀的高潮场面、威仪的神王造像，以及夸张而又细致鲜明的神话人物；其间杂陈着那些著名的玛雅象形文字，乍看之下是些方正划一的文饰，仔细辨别后才会令人惊异于这方寸之间的千变万化。认读与书写这些文字是玛雅祭司的特权。

祭司的棺椁是一个大方石台，宽3米，长约5米。除了遗体真正躺卧的中央区域以外，其他台体部分都是实心的，仿佛一个厚实的掩体把心脏部分的墓穴防护起来。整座墓台不仅方正、厚实，具有一般重要墓葬的厚重感，而且总体积上远远超出墓穴本身的大小，遗体安放在墓穴中，就像婴儿睡在大床里一样。

不仅如此，陵墓的设计者还把棺椁的盖板扩大延展，达到墓台的规格，让约20厘米厚的这么大一整块石板压在墓台上。对防护和庄严的追求简直是不遗余力！

什么样的遗体装饰才能与如此神秘、宏大的建筑气氛相配合呢？是埃及法老的木乃伊技术？还是古代中国的金缕玉衣？在打开棺椁之前，这个问题一直萦绕在考古学家们的脑海里，和这陵墓的巨石艺术一样强烈地吸引着他们。

终于有一天，墓穴的主人重见天日了。可是，没有想象中的全身包裹，也没有象征地位的权杖或陪葬，与遗体头顶方向壁雕上的坐像相对照，全身的披挂也已破碎销蚀殆尽，除了零丁遗骨，什么也没有，除了一样东西———副青玉做成的面具，赫然勾勒出死者生前的大致脸面，与收缩、腐蚀后的身体相比显得有些硕大，在清一色的灰白石块中间非常跳眼醒目。

▼国王巴加尔的翡翠面具

仔细看这张人造的脸，原来是用小块青玉剥成各种曲度逐一拼凑粘连而成，虽然没有平滑如镜的精致感，但从这种细琐的破碎和拼合中透出一种执著来。白色的眼白用贝壳制成，瞳孔、虹膜都用黑曜石点缀，这些材料都具有较强的抗腐蚀性能。整个面具简洁而严肃，旨在勾勒出大致的脸部轮廓。但是，又不像是要起什么遮盖或保护的作用，因为面具只盖到颈部。那么，这种单独对脸的装饰有什么意义?这张突出的面具又如何同陵墓主人的身份相统一呢?

脸确实是人身上最引人注目的地方,因为它经常地处于视野的中心位置。脸也是人最早熟悉的一种视觉形象,3个月大的婴儿就能够辨别出一张陌生的脸孔,母亲或其他养育者熟悉的脸能对婴儿起到镇静作用。

同时,脸又是人自我意识中最在意的一个部位。脸是人身上除背后以外唯一一个自己看不见而又必须面对他人的部分。从古希腊关于水仙少年临水自照的自恋故事,到我国古代青铜镜背透影的精湛工艺,都可见人们对容颜的精益求精和丰富想象。

人们对脸的敏感和装饰热情亘古不易,经久不衰。自古至今,多少美赋佳篇吟诵歌唱都围绕这一主题,几乎所有的文化、所有的语言中都有占绝对优势的内容,语汇描画一颦一笑、眉目唇齿。英语中描写各种形态的笑的词汇就有一打,汉语中目字偏旁的汉字为数更多。

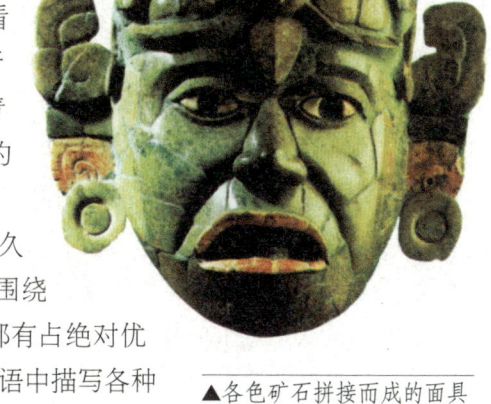

▲各色矿石拼接而成的面具

"盯""瞠""瞪""瞄""睚眦",都是直视,但各自的细微差别一望便知,"眺""盼","眯""瞅""睬""睥睨",则更是写尽了眼神流转中的种种情绪流露。

从艺术表现的角度看,脸所占据的地位更加重要。在考古发现的文化遗迹中,脸几乎成了人的象征符号。许多镌刻在金属物件上的纹饰,与画在陶器、漆器、布帛上的图案,以及石壁或大地艺术中的刻画,都夸张地突出了脸部的特写,有的甚至放弃四肢躯干的表现,只保留人脸的基本造型,玛雅人的象形文字即如此。这种表现手法在现代绘画、雕刻艺术中成为一种刻意追求的风格,而它的原始、朴素的形态在儿童自发的、幼稚的绘画中就有表现。

▼中国京剧脸谱

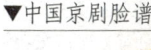

人脸的这种强大的表现功能很早就为人类所认识,并且成为人类文化中不可或缺的道具。

无论是在宗教仪式上还是在社会地位的标识中,头脸的装饰、纹花都是最为重要的内容之一。

在玛雅文化最重要的一类线索,玛雅社会残存的建筑物、雕刻、绘画、陶器等实物中,人脸不仅占据了不容忽视的比例,而且,人物脸部绚丽多彩的涂抹和花样众多的面具，头上所戴的羽饰高帽，把整个头部扩大到人身的三分之一，身体其他部位都被压缩得短小精悍。不加饰物、不抹不戴的只有俘虏和供献祭的人。无论是武士还是乐师，不是在脸颊、眼圈抹上各种颜料，点画出各种几何图案（现代印第安人仍保留这种武士标记），就是在头上戴各种动物造型（也都是动物的头部造型）。那些身居特殊地位的首领和祭司则有特殊的装饰，一种特殊的高帽或羽冠把他们同其他人区分开来。

这类"稀奇古怪"的打扮在其他民族、其他文化中也并不少见。图腾崇拜中的动物装扮、动物面具，中国戏曲中的特征脸谱，英国传统的法庭上仪式化的假发装束，印度寺庙中佛像的高冠，各民族传统中丰富多彩却又有固定程式的头饰（光看我国各民族的传统代表性服饰，头部装饰就是最重要也最显眼的区别性标志）。羽毛、黏土、金属、贝壳、皮毛、草苇、花卉、竹木、刺绣、各种包扎打结的手法，一切可用的材料都被尽可能地用上，所谓珠翠满头，一切想得到的缠绕、卷曲、束直的方法也都被想出来处理头部，直至今天的男女发型还层出不穷。

头脸是人的门面。头脸装饰遂成为社会身份的最好标识。最常见的例子就是冠冕。有地位身份的人总是用特制的别人无权使用的帽子来标识自己的身份，务必使自己"冠冕堂皇"。西方社会中男士的礼帽是绅士们的重要标志。古代中国人对加冠顶戴的重视更非同小可。弱冠及笄不仅是标志成熟和社会正式接纳的仪式，而且被定义为一种社会属性的象征。各级官员、各种身份的人所戴的帽子在历朝历代都是作为制度来拟定和执

▼玛雅古城俯瞰

行的。更不用说帝王一级的头饰，更是独一无二的专属标识了。

玛雅祭司在社会生活中起着举足轻重的作用，有时祭司同时又是首领。玛雅人的城市总是以神庙为中心，文字、天文历法、占卜大事都是祭司一手操纵和传承的。本文开始处介绍的陵墓和遗体是迄今为止发现的最重要的玛雅遗迹之一，遗体所戴的青玉面具只有在另一位首领身上发现过。青玉是玛雅人表示尊贵的东西。有的祭司甚至锉掉牙齿，镶上青玉。可见这副青玉面具（由约200片青玉粘拼而成）正是一种象征权贵的冠冕。

然而，玛雅祭司生前并不佩戴这种青玉面具，而是用一顶极高的、像灯塔一样的帽子和羽饰（还有象征高贵的对眼、扁头、高鼻）来作标志。那么，为什么不给去世的祭司也戴一顶高帽子呢？也许这种帽饰已如衣饰一样销蚀殆尽了，也许这种帽饰作为某种地位身份的标志需代代相传，不用于随葬。不过，无论用不用高帽子，都不如青玉面具的入葬这么耐人寻味。

▼秦始皇陵墓

秦始皇在陵墓里拟造地下江山，对陪葬背景的追求可谓到了极致，因为他征伐一生，一统天下，必得躺在三山五岳、五湖四海的中心，把他生前苦心经营而拥有的一切带到身后，方可安心。埃及法老用神奇的防腐手段保存遗体，对肉身的爱护可谓到了极点，因为他们自比为太阳神，自恋非常，虽然相信自己有复活的那一天，但在灵魂复生以外还追求肉体不灭，希望有一天能原封不动地走回人间。玛雅祭司的陵墓是玛雅人中最讲究的，一般玛雅人死后埋在自家房屋底下，因为玛雅人相信生死也像他们的"特佐耳金历"和"吐思历"一样处于交替轮回之中。只有祭司和高贵人物死后才放置在精心设计的墓穴中。他们生前的地位和特权在身后也要延续。他们也选择宏大的建筑结构，精致的石刻花纹作背景，用远远超过实用需要的石体把自己严严实实地保护起来。但是，他最刻意为之的想法是为自己造一张可以永久保存的假脸。

岁月流逝，只有石棺、石壁和保留着这位祭司脸形的玉石面具会留存下来，以石脸的方式延长生命的存在，以青玉的珍贵标志显赫的地位，让祭司死后仍然有头有脸地去面对神，面对陌生的死亡世界。如果有什么惩罚或侵害，也尽可以冲着这副假面而去，而不伤及祭司本身。如果说同样地位显赫的中国皇帝爱江山，埃及法老爱身体，那么，一辈子生活在神人交通的角色里，以这个角色牢牢控制玛雅人的玛雅祭司，当然知道面具对角色扮演的重要的象征意义——玛雅祭司爱的是他的脸。

庞大的玛雅遗址

庞大的玛雅遗址是在传说的促成下重见天日的。一些外国人被广泛流传于当地的传说所吸引，越过沼泽，走向密林深处，寻找传说中的古代城堡。最后，他们终于找到了一些断垣残壁，还找到了一块高4米、宽1米的石碑。所以，可以说，石头标志着世人对玛雅文化遗产瞩目的开始。

学者们研究了陆续出土的大量石碑，发现了一些有趣的现象。现已发现的石碑有几百块，散布于各个城市遗址，数量之多，放置位置之重要都值得注意。其次，石碑上有的刻有象形文字，有的是人物浮雕，还有的只是一些花纹。据分析，文字部分主要是些年代数字，以及纪事文字（所以这些石碑又称为"纪年石碑"或"纪年柱"）。与其他民族遗留下的石碑内容不同，不是以戒律、经文或对首领人物的颂词为主，而是具有自己的特色。第三，石碑高大，但雕刻精细，上色方法也很特别，这对采石、雕刻、树碑等工艺的要求也很高，不知道当年玛雅人是如何完成数量如此之多的石碑的雕刻工程的，他们又为什么要花这么多的时间、精力在石上记录下他们的历史。

这不由得使我们联想到玛雅遗址上众多气势磅礴的石造宫殿、金字塔、庙坛、观星台。如今看去，大多已只剩下基座、残垣，要人们靠想象去修复它们原来的壮观和华美。但是，这种普遍的对石建筑的热衷似乎表达了一种对永恒的追求。

现代玛雅人中，社会较高阶层的人住石房子，较低阶层的人住草木屋。在草木丛生的热带雨林中，也许石头的无生命性就与无法摆脱枯荣兴替的草木成了对比，为人类记录自我的愿望提供了最为理想的材料。

▼观星台

考古学家推测，玛雅人最初是用木料或其他植物材料记录文字的。他们的根据是，目前发现的石碑中，年代最早的一块发现于乌瓦夏克吞。石碑背面刻有代表玛雅日期"8. 14. 10. 13. 15"（公元328年）的象形文字。玛雅人用石碑记事一般是20年一次（有时也有5年或10年一次），直到公元889年最后一块纪年碑为止，这一传统始终不变。但是，考古学家们发现，在最早的石碑上所记录的文字已经自成系统，发展得相当成熟，而没有文字过渡时期的痕迹。从记录年代的数字符号体系来说，也已经发展成为一种完全形式化的、精致的工具，没有发现尝试性的偏差和错误。总之，没有初级阶段。某些较具有科学幻想小说倾向的现代人头脑里迸出了外星人传授文字的念头，但这毕竟不能当作令人满意的答案。于是，考古学家们推测玛雅文明的形成时期可溯至公元前，其精美的历法、文字的发展，经历了一个没有留下记录的时期。在这个时期里充当记录材料的可能是木制的或其他易消蚀的物品。当他们的天文学、数学知识达到组织一套复杂的历法体系的时候，当他们的文字也逐渐定型之后，他们逐渐发现了更便于保存下去的材料——石料。并且，开始以极大热情留下尽可能高大的石块、尽可能深刻的雕琢。

在这些石块堆中间，有许多观星台高耸入云是为了高过周围的大树，望见遥远的地平线，有许多祭坛和宫殿只是为了显示奢华；然而，也有许多庙宇、石柱、金字塔是为了体现玛雅人祖先关于春分和秋分的知识，有许多石碑是为了记录社会大事之用。

▲玛雅的石碑

玛雅人留下的书不多，这是西班牙人视之为"魔鬼之作"而加以焚烧的结果。现今留下的少数书本实际上是些图谱，讲述神话与王室的家史，也许玛雅祖先早就在森林大火或他们自己（为玉米种植而）焚烧林木的大火中体会到火的毁灭性力量。现在，能烧的都烧了，留下的只有这些石头。虽然经过数百年的风吹日晒，雨水冲刷，尘土掩埋，这些镌刻在石头上、凝结在石头中的历史印证仍然伫立于创造者的家园。它们好像一首凝固的史诗，即使记录它的经书失落了，口传它的人民不在了，却仍能在故土的上空回响，让所有踏上这片土地的人感受到这个民族不朽的文化，仿佛古老的主人仍然存在，这些城市仍然存在。

事实上，这些石刻的人像、建筑是如此庞大，以至于许多游访者在感慨之余，怀疑它们非人力所为。神乎其神的猜测愈传愈多，玛雅人在这种追思中被抬高到介乎神人之间的位置。不过，只要我们回到这几百块石碑，回到这些纪年纪事中所描绘的现实世界中来，我们将不难发现，这些石头所见证的历史，完全是人文的历史，完全是人类所能企及的智慧。

精巧含蓄的玛雅"古玩"

英国绅士的文明棍，曾经风靡全球；现代社会的经理们则是手执"大哥大"的时代形象。那根派头十足的棍子，究竟有多少实用意义（拐杖、自卫）实在难说，它无非是一时流行的"文明"绅士身份地位的象征；"大哥大"确实是实用通信工具，符合信息社会实用的需要，然而，它的俚称正透露出它的某种象征意味。

这两件"玩艺儿"，都是社会地位、经济实力、文化品位的象征符号。前者的实用性早已随时代的进步淡化为零，再也不是打人的家伙；而后者的实用性，也丝毫掩不住它的文化象征符号意味。用某些"玩艺儿"来象征个人，这是文化传统，悠久而深刻。"大哥大"的袖珍、便携、值钱以及显示广泛的社会联系、经济联系的实力因素，使得它天然地合乎入选标准，成为古代"权杖"和"法器"、近代文明棍的绝好替代品。这显示了文化机制从古到今的内在一致性。

于是当我们看到那些精巧含蓄的玛雅"古玩"时，我们首先想到了这些"玩艺儿"在古代玛雅社会中的文化功能。

从雕刻、壁画等资料看，玛雅行政首领总是右手持杖左手持一面圆盾。圆盾的盾面上是日神的头像，或者说是日神的代表符。右手的杖是代表首领权力的节杖，它有几种变形，分别在不同历史时期出现。最典型的一种，可能也是未经简化的基本型，由拟人形的一端和拟蛇头的一端组成。人形虽小却很精致，线条流畅，造型别致，头部比例的夸张与玛雅书画的一贯传统一致。人形的一条腿延伸、变形，至另一端时化作一条蛇的蛇身。权杖两端还各有羽毛装饰。其他一些较简单的杖形大同小异。上端总是张开呈扇形的羽饰，扇形中央伸出杖身，犹如蛇身，在下端连一蛇头。

有些专家认为，前一种是古典时期的典型权杖，后一类属于新王国时期的，和玛雅人崇拜的羽蛇神有关。羽蛇神又被认为与雨季有关，雨季开

▼英国绅士的文明棍（中间）

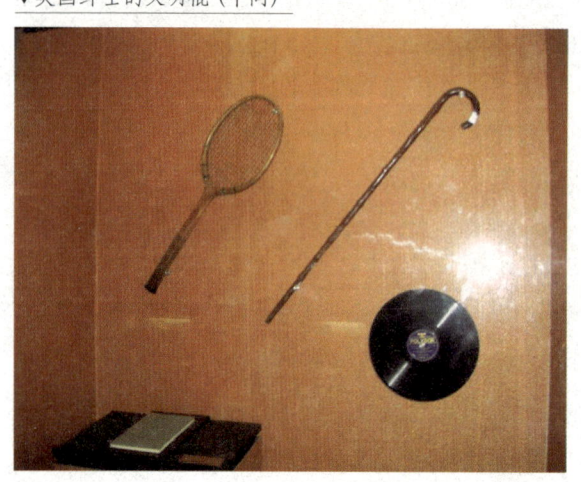

始时降临，雨季结束时归去，与玛雅人的农事活动相伴，从播种开始到收获。也许它在权杖上的化身与行政首领司管农事生产有关。

玛雅的宗教首领形象，通常是将一根两端雕有对称纹样的棒平举胸前，纹样是头形的，但经过了夸张、变形，可能是玛雅万神殿里某位神祇的头像或名符，有时还可能是两个蛇头。还有些石刻人像，将双头棒的一端斜靠在肩上。祭司是玛雅社会中最有学问的人，他们掌握着玛雅文字、历法、算法、天文学的知识，负责对王室人员的教育和密授王室家史，此外，还是玛雅社会日常生活中各种节日、祭日的主持者。他们对于玛雅人生活、生命的影响不可低估。

玛雅军事首领指挥部落的战事。可能战争在玛雅人生活中占据较重要的位置，玛雅武士不仅文身，还把手臂、脸部涂成红、黑两色，象征勇猛。武士的专门装饰还有他亲手抓获的俘虏的头盖骨，或雕刻过的骨头。这样的骨头越多，也就象征武士的战功卓著。有这样的公开尚武倾向，可以想见玛雅军事首领拿的"玩艺儿"一定是某种兵器。有时是一种投镖，一端似短刀，另一头是棍；有时是一根短棍；还有时是一种称为 hulche 的武器，是一种带钩的短兵器，中间部分像是中国古代的狼牙棒。但是，没有拿弓箭的。研究者们说，在玛雅史上的古典时期没有出现过弓和箭，后来可能是从其他民族引进的。

不同的"玩艺儿"象征了不同的身份。这个过程可以这样描述：某一特定的社会身份从部落群体中"分化"或"特化"出来，他（们）所使用的实用性专门用具，也随之"分离""特别"出来。首领或者是通灵的神使或者是世俗的强人，他们原本实际使用的职业用具随着地位抬升而不再实际使用，这使得这种用具可以渐趋远离功用的考虑，增加精致化、装饰化的倾向。武士所用的长矛异变成"权杖"，巫师所用测量工具异变成量天测地的神秘"法器"。

▼壁画

文化人类学家、哈佛大学人类学系主任张光直先生在他的《商代的巫与巫术》一文里，对祭司（巫）和法器（工）的关系作了分析。指出在甲骨文和金文中，巫字是两个"工"字十字交叉的形象，从其他古典文献资料的翔实考证中也得出巫与工的历史渊源，即便今天也能从这两个字的字形中发现脱胎肇始的共同原型。

按照弗雷泽爵士的文化人类学宏著《金枝》的说法,大量证据表明,初民社会的巫师是被认为具有神异禀赋的人物,整个部族的文化传统与科学知识（或者叫前科学知识）都集于一身。这一理论完全可以在玛雅祭司们身上得到验证,他们掌握象形文字（hieroglyph,即圣书体,对这个西文词汇作一分解不无启发,

▲带有天文符号的玛雅壁画

glyph是凸凹雕像之意,hiero这个词根代表了神圣的僧侣等级集团）。玛雅象形文字连带其所记录、包含的文化历史内容都是由少数玛雅祭司一手包揽的。现今世界上仍然"存活"的唯一一种象形文字——中国西南少数民族纳西族东巴文,即是为巫师（纳西语"东巴"）所垄断,一般族人并不通晓。东巴经卷与玛雅存世的四个经卷抄本极其相像。这些都充分说明,玛雅祭司集团确实是一个独享文字与传统知识的特殊专职集团。

文字几乎已经隐含了称得上文化成就的一切；天文观测、历法编制、工程设计等玛雅人的骄傲,全都是通晓象形文字的玛雅祭司的职务。集天文学家、历法专家、工程师、数学家、史学家多种头衔于一身的玛雅祭司,自然也会有他们自己职业的用具。这用具当然不是刀枪斧叉,那是武夫的家什。玛雅祭司们的用具,必然要多一些"科学文化"气息。玛雅历史上最值得一提的古典时期,给我们展示了这个不乏"科学文化"意味的用具——它是两头有拐的小棒（作了形象化的装饰）,由祭司集团中最高等级的大祭司执掌。

一个绝妙的"玩艺儿",一种惊人的巧合！

这个两端弯曲的小棒正是人类学家所关注的"工"。工就是巨（矩）,也就是手持"工"的象形会意。这里不打算引入大量专业化的考证,只需把一个结论告知不乏慧识的读者。谁都不难看出"矩"（工）的含义,那是一个最基本的测量工具。中国古代极有渊源的《周髀算经》云："请问用矩之道。商高曰：平矩以正绳、偃矩以望高、覆矩以测深、卧矩以知远、环矩以为圆、合矩以为方……是故知地者智,知天者圣。智出于句,句出于矩。"这段话清楚地表明了矩（工）这种用具的广泛用途。因其可以找正水平线（正绳）、仰观高度角（望高）、测量深度（测深）、估计距离（知远）以及环转用作画圆的圆规（为圆）、两两相合作曲尺画方形（为方）等一系列用途,于是矩便具有神奇的魔力。执掌它的人知天知地而又通天通地,这就是为人崇奉的专职祭司,他们所执的矩（工）也就是掌握天地的、万能通灵的"法器"了。

第六章
玛雅宗教与信仰

　　到了公元 4 世纪，玛雅文化，主要是它的宗教哲学上鲜明的特征，已经牢固地确立下来。在被认为是玛雅文明策源地的重要地区，如佩腾湖畔，玛雅宗教已成为一种高度发达的"迷信"。它以自然力量的日益人格化、越来越老熟的哲学的复杂融合为基础；天体被神格化，时间被用世所罕见的各种各样的形式加以崇拜。

　　大多数玛雅宗教崇拜仪式都是以酒宴告终，通常烂醉狂欢是必不可少的尾声。这表明，神灵听取了人们的诉求，显示了神通，人们也就心满意足，要好好庆贺一番了。

种族灭绝和文化摧残

神秘的玛雅文明给人最直观的印象在于其无所不在的神灵。在这个神灵充斥、略显拥挤的世界里，却产生了那么多科学上伟大的发明创造，这真是件奇怪的事。更奇怪的是，从欧洲文明世界泛海而至的西方人，一叶障目，不能从"邪教"这座"泰山"中发现宝藏，反而把人类智慧的"富矿"毁作倾颓的废墟，把玛雅人在天文、数学、历法、编年、文字、艺术、信仰诸方面的天才创造污蔑为"魔鬼的勾当"。

西方殖民者自己在新世界确实干下了文明史上最恶劣的"魔鬼勾当"——种族灭绝和文化摧残。

那么，在"魔鬼的勾当"之前，玛雅"众神的世界"又是怎样的景观呢？让我们看一看玛雅人宗教演进的历史。

当初，玛雅宗教可能只是简单的自然崇拜，对影响并规定他们生活的自然力量人格化。太阳、月亮、雨水、闪电、飓风、山川、森林、河流，这些自然力量包围着玛雅人，其交互作用构成了他们渔猎生活的背景。

这样简单的自然力崇拜并不需要什么像样的组织形式，没有祭司和秘传的知识来阐释它，没有一套祭祀的仪式和精心设计的仪典来演示实践它，也无需特别的地点来用于崇拜，比如庙宇之类。毫无疑问，每个一家之主同时也理所当然地是这个家庭的"祭司"，家庭庙宇无非是一处临时的小茅屋。这种情形直到现代，还能在个别偏远的玛雅部族中看到。

随着农业生产方式的兴起（可能是由外部引进玛雅地区），出现了固定的居所和较多的闲暇。这时，玛雅宗教变得日益成体系，众神自己也越来越特殊。肩负向群众诠释、传达神的意愿等事务的祭司发展起来，一种对更加像样的宗教场所（圣地、庙宇）的需要增长起来。宗教成了一种少数人对多数人的事务。定居生活使得较为永久的仪式中心变得可能，也有信心去建立野心勃勃的圣地（花费长期艰苦的有组织的劳动），并发展更加精细的仪式。

▼带有宗教信仰的雕塑

▲雕有太阳神像的香炉

许多个世纪，或许有几千年，就在这样的过程中流逝了。在这段时间里，玛雅宗教变化相当缓慢，个性化的神祇在发端，祭司集团在形成，繁复的仪式和精致的圣地（还不是石料建筑）也逐渐确立。

确实，历法、编年和象形文字这三项祭司的发明专利，给玛雅宗教带来了重大的转折，使得它越来越复杂化和形式化了。一种独特的宗教哲学渐渐成形，它围绕着日益重要的天文现象，包含着历法编年中的神祇。考古发掘工作基本上证实了这种重大的宗教转折，公元前3世纪乃是其重要的时间标志。

从这以后，特别是材料较多的玛雅古典时期（下限为公元9世纪），玛雅宗教哲学并无重大变化。它相因相袭，几近千年而无改，也许是因为玛雅人把创造的潜能都宣泄到需要耗费大量人力、物力、精力、心力的石料建筑、雕刻中了。那种劳神费力的方式，乃是精神上不断重复的"论证"和"固化"。

到了公元4世纪，玛雅文化，主要是它的宗教哲学上鲜明的特征，已经牢固地确立下来。在被认为是玛雅文明策源地的重要地区，如佩腾湖畔，玛雅宗教已成为一种高度发达的"迷信"。它以自然力量的日益人格化、越来越老熟的哲学的复杂融合为基础；天体被神格化，时间被用世所罕见的各种各样的形式加以崇拜。这一由公众供奉的宗教，本质上却又是高度秘传的，由一个组织严密的包括天文星象家、数学家、先知预言家和精通仪式者的祭司集团掌握和诠释。随着它与社会生活越来越复杂地交织在一起，则又派生出世俗的力量参与诠释和主持，这也就是巫王共源的文化史的一般规律在玛雅的体现。

▼马的雕塑

10世纪以后的后古典时期，政治与宗教的联姻日见明显，这或许也有外来军事征服导致宗教冲突、变异的因素。墨西哥中部来的托尔特克人带来了人祭和偶像崇拜等较低级的东西。据古典期各种雕刻的和平主义宗旨看（几乎没有人祭），那时的玛雅宗教必定是庄严堂皇的，而不会像人祭那样恶心残暴。在古典期这个玛雅文明黄金朝

▲被摧残后的玛雅残骸

代,似乎也没有广泛使用偶像,无论是石头的、木质的还是陶制的。而我们知道,宗教发展到较高级阶段则会日益抽象化,日益针对人的心灵。比如说基督教就反对偶像崇拜,上帝无须经过世俗形象也能在人的内心生根。而中国先秦也是因为不崇拜具象的神灵才促进了理性主义、人本主义。

以10世纪为转折,玛雅宗教略失水准。除了继续建造公共的大型宗教建筑和偶像之外,政治贵族、宗教祭司和社会要人们也在他们自家设立小型祈祷场所和私人的偶像,他们自己私下做祷告和献祭。他们的偶像实在太多了,显得神祇都不够用了,因为他们几乎把每一种动物或昆虫都做成一种塑像。

一位17世纪的西班牙传教士在描写佩腾-伊扎湖畔最后一个独立的玛雅城堡塔亚沙尔(Tayasal)时写道:"他们的公共偶像,就像鳞次栉比的街道房屋一样多。"有人说玛雅偶像有十万个以上,甚至有人说上百万个。即使这两种说法夸大其词、言过其实,但也不必细数,几乎所有当年游历过玛雅地区的著者全都同意有着巨大数量偶像存在。实际上,每个玛雅人,无论是贵族还是祭司,无论是富人还是穷人,全都有他自己个人的偶像崇拜物。

在这一大群神灵中,许多是专职祭司的创造物,我们不妨称这种"创造"乃是祭司们欺骗人民的手段。普通玛雅人,那些种玉米的农夫用血汗换来了整个庞大复杂的政治、社会、宗教体系。他们认为他们之所以活着,是得了雨神恰克之恩赐;神一发怒,他们也就要遭殃了。这样一套观念及其在世俗生活中的功能,构成了玛雅人世界的"真实"。

▼玛雅古建筑　　　　▶玛雅数字角色艺术图像

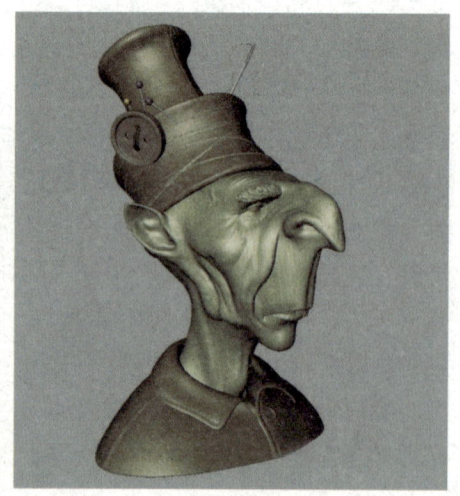

玛雅人的宗教信仰

一位哲人说过，人因为有所求，才产生了神；人因为有所惧，才抬高了神。

玛雅人的宗教信仰也同样遵循这样的规则。他们为自己各种各样世俗的愿望寻找超自然的帮助，这从他们献祭的方式可以得到证明。他们的献祭行为是为了讨好神灵，带有"等价交换"的色彩。他们献上食物、烟草、果子、蜂蜜、鱼肉、羽毛、兽皮、贝雕、玉器、挂饰等，有时也献上活的动物，甚至活人血祭。至于献什么，往往与他们愿望的紧迫程度有直接关系。若是为了治病疗患、解决麻烦、打猎有获之类一般的事情，那么献上一点食物、饰品也就可以了。若是为了请神灵关怀大事，如洪水、瘟疫、蝗灾（频繁发生）、饥荒等，那么就不惜流血了。尤其是向雨神祈雨，更是非人牲献祭不可。

为了人神之间的这种"等价交换"关系，无论个人还是整个部落都发展出一套适合需要的仪式。通常每个仪式都要经过六个阶段。

1．先行斋戒的节欲，包括对主祭祭司和自己暂时禁忌性生活，这是精神上洁净的象征；

2．预先通过祭司占卜来择定吉日，玛雅观念中每一日都由特定的神灵专门分管；

3．先行驱逐参加仪式礼拜的人当中的邪恶精灵；

4．对着崇拜物焚香；

5．祈祷，向神灵提出要求，等到开列完"货单"之后，就该轮到"支付货款"了；

6．献祭。献祭的最为虔诚做法，

▼放血的仪式情景

▲宗教壁画

当然少不了用鲜血。流出的血涂在神灵偶像的脸上。涂血的恶习常常使得祭司们污臭不堪,因为他们自己也涂血,以致他们的头发常因凝血而板结,像乱蓬蓬的令人恶心的臭拖把。

大多数玛雅宗教崇拜仪式都是以酒宴告终,通常烂醉狂欢是必不可少的尾声。这表明,神灵听取了人们的诉求,显示了神通,人们也就心满意足,要好好庆贺一番了。

人们需求的多样性,也就使得神灵五花八门。玛雅各种级别、各种法力的神灵多如牛毛,几乎每一个事物都有它自己的神灵。当然,在这庞大的神族里,最有力量、最常被人祈求的神灵并不太多,也就十来个神祇参与大多数崇拜仪式,而其他神灵只限于在特殊的场合或为特殊的需要才被求助。

那么,哪些神祇构成了玛雅神系的主干?共有 10 个神祇地位显赫。

胡纳伯·库是创世神,但这位造物主被架空了,他对人们生活无甚影响,也许是太遥远、太抽象了。玛雅人倒是对这位造物主的儿子——造人的天神伊扎姆纳特别崇拜,他在仅存的几部经卷中就出现 103 次。

天神伊扎姆纳似乎是位上了年纪的男性,没有牙齿,脸色古铜,长着引人注目的罗马式的鼻子,间或有胡须。玛雅建筑浮雕上,或者单刻他的头,或者专刻他所代表的那个日期的符号(Ahau),代表着主宰。他是 Ahau 这一天的保护神,这一天是 20 天周期的最重要一天。他是昼夜的主宰,太阳神可能只是他的一个表象。他是玛雅文字的发明者,也是尤卡坦各地命名并划分区域的最高祭司,这听起来颇像中国神话中"禹平水土,主名山川"(《尚书·吕刑》)或"芒芒禹迹,画为九州"(《左传·襄公四年》)的大禹。伊扎姆纳还是历法和编年方法的发明者。另外,由于他常常对付灾荒病害,故而就以药神的面目出现。总之,他对待人们是非常友善的,就像一位慈爱的父亲,玛雅人需要他在天上照看自己。

雨神恰克是一位后来居上的保护神,他大约是后古典时期从墨西哥中部"移民"来的。他的形象特别，长着安徒生童话人物匹诺曹那样的尖长鼻子，弯曲的长獠牙一前一后伸出来，头饰是打结的箍带。他的名符是一只眼睛，边上一正一反的空心"T"形，代表眼泪，代表雨水、丰饶，代表 Ik 这一天，他是该日的保护神。他是风神、雷电神、丰产神、农业神。他不仅代表着生长，甚至直接代表了玉米地。那个从东南西北四个方向红黄黑白四个大缸里取水行雨的善神就是恰克。由于与玛雅人农业生产息息相关，他受到的崇拜最多，存世经卷里218次出现他的名。

谷神吁姆·卡虚出现98次，也相当重要。他的形象年轻清秀，通常用玉米作头饰。他是个勤俭的神，有时又是森林之神。他有不少敌人，这大概也是玉米生产时常遭遇自然灾害的实际情况在观念中的反映。这位谷神头饰有不少变体，他出现的场合也千变万化，和雨神在一起时象征着受到庇佑，而与死神同在时斗争则很激烈。

死神阿·普切88次露面。他的形象比较可怕，骷髅头，无肉的肋骨，多刺的脊柱。假如他穿上衣服，则有黑圈圈来代表腐烂。他的头上颈上系着金质小铃铛，不知是何用意。他的名符有二：一是闭目的头像，象征死亡；另一个是没有下颚的形象以及杀人牲的刀。他的保护日是 Cimi；他是第九层地狱的主宰，一个十足的坏神。他总和战神、人牲的符号一同出现，或者与猫头鹰等被认为是罪恶凶兆的事物为伴。他在病人房前徘徊，为的是猎获可怜的人。

▼奇琴伊察古城武士神庙

北极星神夏曼·艾克 61 次出现,他的鼻子形状扁平,名符就是他的头像,颇似猴头。他被视为商旅的指南(实际是指北)。无疑这是一位好神,玛雅历的 Chuen 日归他保护。

黑战神艾克·曲瓦是黑色形象,他的下唇肥大下垂,嘴外圈总是红棕色,他的名符是黑圈的眼睛,黑色自然是代表战争。他的性格具有两重性:作为恶神,他手持利矛,在洪水灾难和残酷战斗、杀俘活动中出现;作为好神,他像个背着货物游走各地的商旅,大约古代玛雅贸易是武装贩运。他相貌有时长得像北极星;他保护着可可的种植。为他举行的仪式在 Muan 月份。

经卷中还 33 次出现战争、暴死、人祭的神,他当然总是与死神有关。他的眼眶边有黑线,一直伸到脸颊。他的名符是头像,前边的符号是玛雅数字 11。他的保护日是 Manik,他的标志是握紧的手,代表抓获了战俘或献祭的人牲。在那些临祭场面中,他与死神一同出现。作为战争之神,他一手执火炬烧房子,一手用剑拆房子。他是战争、暴死、人祭三位一体的神祇。

风神,可能就是玛雅-墨西哥著名的文化英雄库库尔康。他在后古典时期出现,是一个部族强人被神话化的结果。他与雨神一同出现,为雨神扫清道路。这个好神庇护玛雅历的 Muluc 日。

还有一位水灾、纺织、怀孕、月亮女神,她叫伊希切尔。这是一个怒气冲冲的老太婆,她的小瓶子里盛满洪水,她一发怒,就对人类进行谴罚,向大地倾倒,我们从大地为水灾所灭图中可见其威力。但她也有善意的一面,作为天神伊扎姆纳的配偶,她代表月亮。太阳神、月亮神正好匹配。从她掌管纺织一事看,她又是创造发明神。她被画得充满敌意,头上有一条扭曲盘绕的毒蛇;她的裙裾上有交叉骨头的恐怖图案;她的手和脚又像凶猛动物的利爪,所以她又被称作"虎爪老妪"。

玛雅的神灵的象征意味,包罗万象。我们首先应该想到,种种关于神灵的"说法",无非都是关于人自己生存境况的"叙述"。不仅玛雅人有着各种各样的欢乐与苦恼,世上所有活着的人、曾经活过的人也都是如此。所以,无论玛雅人也好,其他古代民族也好,甚至现代许多人,都寻求某种超自然、非现实的信仰力量来支撑自己的精神世界。这里并不必要匆匆地论出是非,这里仅仅是要对一个"文化事实"作出确证——它存在着。

▼纺织者雕像

神秘的数字

玛雅人的世界里有许多神秘的数字。外人不明就里，乍看之下，真不明白他们特意、煞有介事地专选数字究竟有什么与众不同的特性。

人们特别不理解祭祀历一年260天的周期，这又算哪一路数、什么家法呢？260天既不是雨季或旱季的长度，也不是太阳运行高度的周期，甚至都不是人类怀孕期的长度，太阳系也没有一颗行星按这样的周期运转。

原因仅仅在于260是20与13的乘积。20是玛雅人基本的计算单位，这一进位制的得来恐怕与扳十个手指十个脚趾的动作大有关系。而13的重要性与其说是自然的原因，不如说是宗教的原因。尽管月亮在一年中绕地球公转12圈半，盈缺圆亏将近13次，但是天文知识达到那么高水准的玛雅人是不会轻易放过这0.5圈的。他们着迷于13这个特选数字，是因为他们早已经把天分为13层了。

要理解玛雅13层天堂，则还要知道玛雅地狱分9层。天堂和地狱是孪生连体儿，谁也离不开谁。没有地狱观念，何来天堂向往。所以，13必定要和9放在一起，才能看出意义来，我们有限的常识已告诉我们，这两个数字可是非比寻常。印度吠陀诗中3个天、3个地、3种大气，一共9个世界，西方人避13如瘟疫，似乎与玛雅人这两个数字的印象来个大颠倒。

让我们也扳扳指头，列列等式，原来一旦缺少4，则9和13还联系不上。4又是什么样的数字呢？数学家说，4就是4。

文化人类学家却说，4这个数具有极高的神秘意义。"几乎在一切红种印第安人部族里，4及其倍数都具有神圣的意义，因为它们专门涉及东南西北四方和从这四方吹来的风，而且希腊人画各端相等的十字，也是4这个数的自然崇拜的标记和符号。"十字架代表了4，这样一来，4的文化覆盖面可就真是够大的了！埃及金字塔的形象也

▼玛雅古建筑

▲玛雅文明遗迹

不会让人忘记 4 这个神秘数字。最说明问题的是，玛雅人建造了成千上万的"金字塔"形坛庙，无一不是从 4 面向上递增阶梯；唯一一座圆形天文观象台，也在东南西北四个方向开了观望的窗口（还有东南、西南、东北、西北四个窗口）。

玛雅宗教中最受爱戴的雨神，备有 4 个大缸来储存雨水。管东方下雨的大缸是红色的，管南方下雨的是黄色的，管西方下雨的是黑色的，管北方下雨的是白色的，雨神行雨之时，绝不含糊，明确具有方位意识，分别从不同的大缸中取水施雨。

玛雅宗教中时常举行的人牲献祭仪式，也要有 4 名助祭祭司，他们在高高的金字塔顶上，分别按住人牲的四肢。玛雅绘画在描绘这场面时，不管篇幅是否狭小，通常都会一个不少地把这 4 位祭司一一画全。

4 这个数被认为是北美南部、西部以及中美洲地区所出现的复杂变化、扑朔迷离的数字，神秘主义的基础。例如蒲埃布洛印第安人，他们的宗教仪式要持续 9 天，然后再加上 4 天狂欢，合起来正好 13 天。图查安人的仪式要是讲究起来，则要持续 20 天。

玛雅人 260 天的祭祀历，顾名思义，正是专为宗教仪式活动所设。13 个月实际正是 13 套仪式，每套 20 天。每个月都是由各不相同的神灵率领的，在这个月的 20 天中是轮到这个神值班，那个月就又由那个神当值了。

▼玛雅金字塔群

4，9，13，三个最为重要的神秘数字构成了玛雅文化最具象征性的部分，贯穿在从高大坚固的金字塔到虚无缥缈的天堂地狱等一切方面。如果说一个社会的文化可以有它的基本表达式的话，那么玛雅就是 4＋9＝13。

神秘的玛雅迷信

大多数接触过现代玛雅人的学者都认为玛雅人很聪明。据他们回忆说，玛雅人走在路上，一双锐利的眼睛不会放过道路两旁发生的任何动静。此外，他们的记忆力和想象力也是惊人的。而这些得高分获好评的优秀人种品质不仅仅表现在学者们带回的一摞摞巨塔伟坛、神庙石像的照片中，还体现在学者们半带好奇半带神秘地转述的玛雅迷信当中。

有那么多空余时间和富余劳动力去完成那些堪称世界奇迹的工程，说明玛雅世界虽然没有金属器具的大生产，但文明程度、消费者与生产者的比率已经达到了一个相当高的水平。那么，玛雅人以同样天赋的智慧在空余时间探索自然万物中的因果关联，也就是很自然的事了。

迷信总是和人类对天文、地理、数理、人文的最初探讨、最初智慧携手而来。早期人类对它们深信不疑，把它们视为同其他生活常识、自然知识一样对人们生存非常重要的经验，认真遵行，并且代代相传。

从现代人的角度看，迷信之为迷信，是因为这些事物的人为联结不存在确实可证的相关关系，更谈不上因果关系。然而，所谓"确实可证"也不过是个受人类认识程度局限的概念。在伽利略的自由落体定律提出之前，亚里士多德得自于日常观察的理论联结也从未受到过非议。在弗洛伊德声称幼儿有性意识之前，所有人都不假思索地认为小孩子是个无性体。

当然，在人类认识史上，最难认识的是人自身。物理世界、化学世界，甚至生物世界都在人类的刨根问底、解而再剖中逐步透露出种种"确实可证"的因果规律，可就是人自己的思想、感受、命运、生老病死、婚恋嫁娶，始终困扰着每个有幸来人世走一遭的人，却还没有个世所公认的"命运元素周期表"什么的，让人自豪自豪。

▼俯瞰玛雅古建筑群一角

▲遗失的玛雅

这些永恒的主题在标榜科技的今时已成为未来科学奖获得者们的课题，等待着比手术刀、电极探针更先进的科技产品的切割。而与此同时，又已为广大不知内情也不想知内情的人类大众所不齿。哲学、心灵感受、美感、宗教，对大多人来说都成了与生活关系不大的东西，只有一部分人才去想的问题。然而话又说回来，人们对梦、兆、死、运的关心和解释却从未真正消逝过，各种释梦、释兆、释生死、释运命的说法，不管是否"确实可证"，始终在不同规模的人群中流传。

玛雅人的迷信（不可确证的坚信、执迷不悟）也集中在这些方面。比如梦，如果一个人梦到自己遭受拔牙之类的剧痛，那么他的一个近亲就快死了；如果梦中的痛楚较轻，那么将死的是他的一位远亲。梦到红色的土豆预示着婴儿的死亡，梦到黑牛冲进家里或梦中摔碎水罐，都预示着家人的去世。现代精神病学说，梦确实有预警征兆的功用，现代医学还发现梦是人体生理系统的警示器，不过，即便用这样堂皇的"学术理由"也只

▼玛雅人的文化

能模糊地解释梦中痛楚的预告作用，而红土豆、大黑牛还是太具玛雅地方色彩了，域外人是无法承认其普适的真理性的，只好认定为迷信，姑且说给大家听听。好比《百年孤独》的魔幻现实主义，让人无法置信，又引人入胜，

▲玛雅人的河边生活

有时觉得假如真的生在当时当地，信也就信了。

　　再如命。玛雅人认为如果把火柴掉在地上了，火柴仍能继续烧，就是个好运的兆头；假如火柴掉下后能一直烧完那就表明把它掉下去的人一定长寿。打猎人如果把打到的鹿的鹿头、鹿肝或鹿肚卖掉，就必定会在日后遭厄运。由此还引申出一些诅咒他人的恶毒办法，比如想害某个猎户交厄运，只需向他买些鹿肉，再把骨头扔进井里。

　　迷信大多涉及人们最关心的事情，人们常常因为太想在这件事上交好运获成功而不愿冒险违反一些很容易遵守的小原则。这也是许多关乎人生大事的迷信经久而不衰的一个主要原因。谁也不愿为检验这些原则的真伪而冒断送自己人生幸福的风险。

　　比如，在婚姻方面，玛雅人选用了房间里最不起眼的扫帚。据称，扫帚扫过男孩的脚会使他娶进个老年的妻子，扫帚扫过女孩的脚则会让她嫁个老头。可以想象，玛雅妈妈们打扫房间时，一定不会有她那些大大小小的孩子们在屋里捣乱。

　　另外，还有一些一般的征兆。比如看到蜻蜓飞进屋，猫咪洗脸，蝴蝶高飞，都表示有客来到。玛雅历中20天一个月不同的日有吉日凶辰之分。平常玛雅人看到红眼睛的绿蛇、大得出奇或小得出奇的鸡蛋，听到猫头鹰叫，都是凶兆。每家每户门前放上些装食物的葫芦，家里几口人，门前就放几个葫芦，以祛病消灾。

　　关于天气的许多征兆则介于迷信与科学之间。比如，燕子低飞有雨，高飞则放晴。玉米叶薄预示冬天较暖和，叶厚预示寒冬。玛雅人还把蝉看作非常重要的天气预报专家，根据它的活动来确定他们一年中最重要的烧田活动。这些做法和说法，其中确有人类观察思考经验智慧的结晶，在人类掌握一定生态学规律的今天，是可以理解并接受其"确实可证性"的，但在不久之前，也曾被斥为伪科学一类而遭到嗤笑。

　　同样，对于玛雅人留下的文字、数学、历法、建筑、天文等成就我们现在称之为灿烂文明、早熟智慧；而对于他们留下的释梦、释兆、释生死、释运命的说法、做法，我们是以文化手段、甚至冠之以迷信来介绍的。

两本玛雅奇书

玛雅文献的研究史上有两本奇书，一本是《基切-玛雅人的圣书波波尔·乌》，另一本是《契兰·巴兰》丛书。

第一奇，奇在玛雅文献的湮没不闻。西班牙殖民者入侵玛雅之后，不仅在军事上与玛雅人的反抗展开较量，并且在文化上，两个民族也发生了冲突。西班牙人信奉的天主教教义与玛雅祭司集团所代表的信仰格格不入。结果，西班牙军队的随军主教迪那戈·德·兰达，竟然策划了一次大规模的"焚书坑儒"，1562年他下令将所有玛雅书籍付之一炬，并将玛雅祭司全部处以火刑。玛雅祭司集团全权掌管着用象形文字记录的玛雅历史、文化知识，他们是玛雅社会的知识阶层。兰达这么一烧，致使玛雅历史文献只剩下四本幸存的手稿，同时，有能力识读和书写象形文字的祭司全部遭到杀害，致使那些幸存的真迹成为天书，至今无法破译。有志于研究玛雅历史文化的学者不得不另辟蹊径，从西班牙人留下的文献中捕捉玛雅的影子，甚至于那个下令毁灭玛雅文献的兰达主教，居然也成了玛雅史料的主要见证人之一。

西班牙人毁灭玛雅文化的做法如此决绝，主要原因（据他们自己的说法）是认为玛雅人的神祇、文字太像魔鬼所为。也许潜意识里也暗自惊异于他们完善的知识体系，虽然异于西班牙人熟知的常理，却也是匪夷所思，奇特而高度发达。这使他们心底发怵，感觉到一种文化上的威胁。

可惜，玛雅社会的严格分工使普通百姓完全无法接近这些文字。于是，虽然玛雅人一直守着自己的语言、守着自己的信仰和生活方式，直到今天；然而却没有人能看懂自己民族的文字、自己祖先留下的史书。那幸存下来的四本文献分别收藏于欧美不同国家的图书馆或私人手里，只能作为一种"古董"供人观赏。

出于这种独特的原因，其他文献的价值都被逐次抬高了。

第二奇，奇在这两本文献资料的玛-西结合。今天能够读懂的玛雅研究文献全部出自当年的西班牙统治者之手。兰达主教本人就写下了许多玛雅见闻。当然，这类记录必定会有许多歪曲和臆断，但在资料奇缺的情况下，也成为最常引用、最有权威的资料来源之一。这实在是玛雅的悲哀。

《基切-玛雅人的圣书波波尔·乌》是1688年由编年史家弗郎西斯科·希门尼斯译成西班牙文的，基本保留了原文本的内容。相比较那些由西班牙人撰写的《尤卡坦编

▲美国堪萨斯城公共图书馆总馆

年史》《玛雅人编年史》之类，参考价值更高些。当然，后者成书于征服时期开始后不久，并且还可以同有关文物、口传文化相互参证，也是玛雅研究的重要资料来源。但是，和《波波尔·乌》一书相比，参考价值的位次还要略往后排。

《契兰·巴兰》丛书的产生较富戏剧性。它起源于西班牙传教士的传教目的，最后却变成保存玛雅文化的重要工具，真是歪打正着。西班牙人入侵、征服的尘埃刚刚落定，天主教传教士们就尝试让玛雅人接受西班牙语。他们想用西班牙文本教玛雅人认字，让玛雅人说自己的语言，但记录书写时完全采用西班牙文字系统。他们希望以这种方式最终促进玛雅人向天主教皈依，让他们慢慢摆脱魔鬼的异教以及附属于那种异教的一切。

当他们开始实施这一做法时，还有一个因素增进了他们的信心。西班牙人发现，用西班牙语记录玛雅语言，在音系上只需添加极少的音素。确切地说，只需在西班牙语音体系中加上两个音素，一个是葡萄牙语中的调，发音如同汉语的"西"；另一个采用创造的符号つ来表示，发音如同汉语中的"兹"，现在这个古怪的符号被dz取代。加上这两个音，西班牙语的字母表就完全可以为玛雅语记音了。西班牙人的这种文字改革很像给象形文字引进表音的拼音系统。所不同的是，他们将玛雅人的文字系统毁掉，把自己的字母拼写系统强加于人，实在是强盗式做法。

所以，玛雅人在无奈中采取了"曲线救国"的办法。那些原来希望被用来为天主教

▲玛雅建筑一角

张扬教义的西班牙字母,现在被用以记录玛雅人的历史和文化。玛雅人真的将它们变成自己语言的新的记音符号系统,用它记录和传承自己的文化。《契兰·巴兰》丛书就是在这种情况下产生的。这套丛书是由许多村庄各自的史书组成的。它们共同的特点是,用欧洲人的纸张、西班牙文的字母,写玛雅人的语言,记玛雅人的历史和文化。

玛雅自己的文献已经没有人能看懂;现有的玛雅文献全都是用西班牙字母写的。然而,最奇的还是玛雅文献中留下的内容。所谓 Chilan Balam,直译是预言家、美洲豹。预言家指玛雅祭司集团中的一种,他们能经常与神沟通,将神的启示或谕告传达给人们;他们还能占卜,预言未来的天上人间之事。美洲豹是玛雅神的化身,它象征着深藏的神秘的东西。整个书名可以意译为通神者说神,讲解各种神秘的知识。它可能是那些幸存的掌握文化历史的玛雅人,向他的同胞讲述自己民族古老的知识。以前这些知识是贵族和祭司阶层的专利,千百年来都是用象形文字记录在图谱上的。现在,说书人未变,但改成了西班牙语记音,内容也大致地保留下来。

《契兰·巴兰》丛书有许多本,每本都是写某一个村镇。比如,《马尼的契兰·巴兰》,就是在马尼村写成的。现在知道的有十一二本《契兰·巴兰》的片段,最重要的几本分别是马尼、提兹明、除马那尔、卡乌阿、伊西尔、涂斯伊克。

这些文献的内容非常丰富。有预言、神话、祈祷,有首领的考试、仪式,有天文学资料、咒语、歌曲,还有时事记录(比如处决、流行病等),最重要的是,还有对玛雅古代历史的编年概述。文体、资料来源也很复杂。由于它们毕竟是西班牙征服之后的产物，而且经过了语言上的转记，所以，将这些混杂文集中的所有记录都当作玛雅文献的原件，是过于草率的。但是，目前学术界一般都认可其中的编年史记载，认为这是对一些图原件内容的抄录，而那些原件已经失传。至于其他内容很可能是抄录、回忆和口传文化的综合产物。

《波波尔·乌》是以西班牙史学家的眼光编译成的，因此，它不仅记载了书中原有的许多玛雅神话和史诗，而且也多少反映了外来文化人对玛雅文化古迹的观察心得。从形式上讲更为规范有序，从内容上讲也更加连贯易懂。

总之，这两本意外地成为玛雅文献核心的奇书，成为了学者们参考最多的资料。

以上两本书，虽然有这样那样毫不搭界的特点，但是在性质和内容上具有一种共性。一本是圣书，另一本是占卜者的预言。它们都是得自于玛雅祭司集团的真传。正是因为这个具有专业性的来源，增加了它们的权威性。这两本书包含了文化人类学家们

▲收藏有玛雅古籍的北美图书馆

最关心的玛雅文明的核心部分，那些已被时间淹没或已被西班牙入侵者毁掉的部分。书中记述的那些久远的神话、编年的历史大事、天文学知识，以及那些曾一度秘传于小圈子内的仪式知识，是无法在现代玛雅人的生活中观察到的，也是最有价值的。

当年由玛雅人中的通神者秘密记录、讲授的东西，在外族入侵者强权蛮力的逼迫下，成为永远的秘密，或者公开的秘密。当年在玛雅人心目中神圣超凡的东西，在今天的文化研究者眼中，正好是解开玛雅文化之谜的一把关键的钥匙。历史由这么多偶然事件组成，重新发展一次，也未必是现在的格局。当年的通神者精心构建、维护起玛雅的"神"，今天的研究者费尽心机要去抓住玛雅文化的魂。这些文化的制谜者和解谜者，谁能预说这些历史的偶然？

坚贞不屈的民族精神

▲当空飞翔的克沙尔鸟

　　危地马拉的国旗上绘有一只克沙尔鸟，国家发行的纸币上也有它的图案，甚至市值单位就叫克沙尔。

　　克沙尔鸟是中南美的特产，与玛雅人有着不解之缘。这种鸟非常美丽，它长着彩色的羽毛，胸脯洁白如雪，最可爱的是那蓝绿相间、高雅华贵的长长尾翎。古代玛雅贵族和祭司就用这美丽的尾翎作装饰，它成为这些政治领袖和精神领袖高贵品质的象征，成为他们高贵形象的一部分。

　　克沙尔鸟生性刚烈，宁可死去，也不愿被囚在笼中。它的这一性格，成为玛雅人热爱自己的文明、反抗殖民压迫的象征。伟大的古巴革命家兼诗人何塞·马蒂在危地马拉漫游时，曾经写下这样的诗句："克沙尔鸟之至美，乃是它绝不屈从任何人。"这并非无感而发，原来还有一段英勇悲壮、荡气回肠的故事。

　　1523年末，西班牙殖民强盗埃尔南多·科尔特斯派他手下的上尉军官佩德罗·德·阿尔瓦拉多征服玛雅人。他带领由骑兵、步兵、炮兵组成的殖民军耀武扬威地向玛雅人居住的地区进发，不料遇到了强有力的抵抗。

　　克沙尔鸟意象除了表面这层坚贞不屈，它还有什么深层的意味吗？换言之，我们应怎样通过它来透视玛雅文化心理呢？

　　让我们把目光再次投向数百年前那血与火的战场。在传说与神话的时光里，原来英勇悲壮同时也是不忍正视、不堪回首的耻辱。阿尔瓦拉多上尉属下只有120名骑兵、300名步兵，战马173匹，大炮4门，另外还有一些已归顺的特拉斯卡拉和乔卢拉人。与之对阵的是7万玛雅大军，这真是众寡悬殊的对比。然而，玛雅人却遭到惨败。神话般的英勇不屈意象的背后，却是屈辱地被征服的事实。

　　玛雅大军首先在第一回合就败给西班牙人的军事计谋，他们被诱骗到平原开阔地带，这是便于骑兵驰骋、火器施展的有利地形。阿尔瓦拉多把弱变成了强,玛雅人却把强变成了弱。他们的文明没有给他们以近代军事武器的知识,却给了他们神灵崇拜的观念。他们没见过火炮,甚至对骡马也一无所知。炮火轰鸣自然地被看成天神施威,骑兵也被当成半人半马的天兵天将。按理说1523年时的所谓军事优势也真有限得很,西班牙人使用的还是长矛刀剑,

▲黄铜火绳枪

直到16世纪后半时才产生枪弹,17世纪才发明把弹丸与装火药结合起来的办法。前装式滑膛枪装弹时,先要咬掉纸弹壳的底盖,向药池内倒少许火药,余下的由枪筒口倒入,再推入弹丸和纸壳。真是不胜其烦。史料表明,即便是很原始的火绳枪,殖民军也没有几支。

这就给我们头脑中先入为主、笼而统之的印象提出了挑战。玛雅人并不是败于军事技术上不如人,而是败在心理和文化的战场上。7万大军敌不过区区几百人这个事实,当时怎样刺伤了玛雅人的心灵,我们可想而知。

我们从经过文化"文饰"的克沙尔鸟意象中,可以找到某种属于玛雅文化传统的东西。正像克沙尔鸟千百年来作为玛雅祭司头顶的标志那样,寻求安慰与解脱的愿望也找到了玛雅神灵世界这一象征。以克沙尔鸟为中介,古代玛雅人从宗教中寻找庇护、慰藉的努力,就与近代玛雅民族从神话般的意象中寻求精神寄托、解脱与升华的努力,达成了千年一系的完整统一。

心理学告诉我们,人总要在"事实"与"认知"之间找到某种平衡。当惨败、被征服的"事实"与玛雅人自尊自爱的民族情感发生矛盾时,当"事实"无法更改时,他们就不自觉地试图改变"认知"。神话般的克沙尔鸟飞升而去,给黑暗的"事实"涂上了亮色。

▼危地马拉之地

现在的危地马拉,是古老玛雅民族的发祥地之一,也是通向玛雅其他地区的必经之路。在这里,玛雅文明与西方世界悲剧性地相遇了。头戴翎盔、手持盾牌的玛雅武士,用弓箭、石矛这样的原始的武器,与西班牙殖民军血战。军事上的失利是无可避免的,然而他们在酋长特库姆－乌曼的领导下,前仆后继,屡败屡战。

▲古老玛雅民族的发祥地之一——危地马拉

在一次空前惨烈的战斗中，特库姆－乌曼牺牲了。悲恸的玛雅人说，他们的酋长化成了美丽的克沙尔鸟飞升而去，他的鲜血染红了克沙尔鸟洁白的胸脯。这个满含深情的传说，安慰了玛雅人的心灵，也显示了他们不屈的民族精神，成为今天危地马拉这个中美玛雅国度的优美神话和永恒意象。

一种文化，说到底就是营造出了它自己的"意象"。

在中美几个玛雅国度中，无疑危地马拉是最值得骄傲的。玛雅文明最辉煌的岁月是在这块土地上度过的，古典时期遗址蒂卡尔（最大的玛雅城市）在危地马拉的境内，直到今天，玛雅后裔在这里有着最高的人口比例，几近六成。所以，作为现代政治国家的危地马拉，特别地看重自己作为玛雅文明国度的特征，特别地把克沙尔鸟形象作为民族精神和文化传统的象征。

▼玛雅古城蒂卡尔

第七章
玛雅权力与道德

一切的一切都是为了民族生命力的强旺。于是，血，成了主题词；红，成为主色调。当欧洲人初次见到这些印第安人时，竟把他们看成了红种人。虽说这些黄皮肤的人们在美洲的土地上偏得了太阳神之赐，但他们之所以被看成红种人大概主要还是因为他们给自己身体涂上了红颜料。那是血的象征。

玛雅世界是一个夜不闭户的世界，小偷小摸在玛雅人中闻所未闻。作为一个民族，他们异乎寻常的诚实。没人去偷别人的庄稼，似乎一些古老的禁忌控制着这类不良行径。

活人献祭的民族

人类历史上最血腥，最不可思议的事，大概就是拿活人献祭了。人类学家研究证明，这一风俗的历史相当古远，也相当普遍，许多民族曾流行过这种做法。玛雅人和整个新大陆印第安人都进行过活人祭献仪式。

仪典是在虔诚的气氛中进行的。除了一般的供品奉献给神灵之外，善男信女们还把血液奉献出来，他们用石刀或动物骨头、贝壳、荆棘等锋利尖锐的东西，给自己放血。割破的部位遍及全身，因人而异，有时是额头、鼻子、嘴唇、耳朵，有时又是脖子、胸口、手臂、大腿、小腿，直到脚背，甚至还割破阴部取血。

▲记录人名和贵族接受进贡的钵

人祭的方式多种多样，最常见的是剖胸挖心。作为牺牲的人，先是被涂成蓝色，头上戴一尖顶的头饰，然后在庙宇前的广场或金字塔之巅受死。他被仰面放倒在地，身子下面压着凸起的祭坛祭案，这样使得他胸腹隆起而头和四肢下垂，以便于开膛剖胸的"手术"。四个祭司分别抓住他的四肢，尽量把他拉直。"刽子手"是祭仪主角，他准确地在牺牲者的左胸肋骨处下刀，从下刀处伸进手去，抓出跳动的心脏并放在盘子里，交给主持仪式的大祭司。后者则以娴熟的手法，把心脏上的鲜血涂在神灵偶像上。如果是在金字塔顶进行祭仪，那么牺牲的尸体就会被踢下，沿着台阶滚落到金字塔脚下。职位较低的祭司就把尸体除了手脚以外的皮肤剥下。而主持祭仪的大祭司则郑重其事地脱下自己的长袍，钻到血淋淋的人皮中，与旁观者们一道煞有介事地舞蹈。要是这位被杀的牺牲者生前恰好是位勇猛的武士，那么，他的尸体会被切开来分给贵族和群众吃，手脚归祭司享用。假如献祭牺牲的是个俘虏，那么他的几根残骨会被那个抓获他的人留下，以纪念战功。妇女和儿童也经常被作为献祭而牺牲。

▼西方酒神节之祭

一个现代读者看了这些内容大概要心惊肉跳了。玛雅人为什么会做出这些凶残恶劣的事呢?

玛雅人并不见得是特别凶残的"生番",金发碧眼的白种人也有过这样的过去。所以,我们尽可把问题放到人类的大背景中,看看血祭和人牲对我们人类的生存和发展是否必要。

有一个很值得思考的现象,在文化学家的记述中,凡是实行人祭的民族大多不是狩猎民族或游牧民族,而是农耕民族。这与我们直观的见解是矛盾的。按常理说,狩猎经济和游牧经济在文明发展阶段上说要比农业经济来得原始,既然如此,那么为什么反而是相对进步的农业社会实行野蛮的人祭仪式呢?不是说人类是日益远离野蛮的吗?

▼传说中的人祭之神

表面的原因似乎是农业民族更关心土地的肥沃、作物的丰产,更需要鲜血浇灌。难道狩猎民族和游牧民族能够轻易地弄到动物的鲜血而农业民族只能用人类的性命吗?这些解释显然荒谬。如果把人祭作为最高等级的敬献,如果要由此获得神赐的生命力,那么,这正好也符合狩猎民族和游牧民族的需要,他们需要更多的猎物,也需要牧群更繁盛。至于说农业社会不用家畜而用人献祭是因为拿不出动物,则太不合逻辑。

那么,答案在哪里呢?请想一下动物园饲养老虎的情形,要是一日三餐供应牛肉,天长日久就使得老虎温驯老实,失去了生命活力。专家们建议经常

▲玛雅人举行人祭的场面

投放活物,让老虎自己去追逐、撕咬,这才能让老虎不失本性,永远是"老虎"而不是"大花猫"。

狩猎民族整天追杀搏斗,游牧民族剽悍勇武,只有农业民族安居乐业、温柔敦厚。进步的生产、生活方式恰恰使得人的鲜活生命冲动大为衰减,素食消磨人的野性,所以文明史上野蛮的游牧民族征服文明的农业民族这类事实比比皆是。那种退化到害怕血腥的民族,在竞争进化的历史上,必定难以维持。农业民族最渴慕的是阳刚血性,他们的勇气需要经常的刺激。

血,成了他们的文化激励机制!并不是他们的神灵偶像需要鲜血来增强能力,而是他们自己需要目睹和参与血淋淋的事件。其实,文化是一种隐喻象征的机制,作为文化的献祭仪式活动具有潜移默化的教育功能。杀人献神活动,除了隐含教人服从、敬畏、认同等意义之外,主要是教人敢于战斗、敢于死亡,甚至还象征性地让人宣泄杀人的欲望,获得替代的满足。

玛雅人的血腥人祭还有更说明问题的例子:他们把戴着尖顶头饰的活人绑住双手做靶子,姿势与十字架上受难的形象恰巧相同。众人先围着牺牲者跳舞,这个程序看来很有必要。舞蹈动作能够激发情绪,能够使人亢奋起来,人祭活动也正是为了这个目的。他们先用弓箭射击牺牲者的阴部,假如懂得一点儿精神分析学派的人类学理论,那就对其潜意识一目了然了。然后他们逐一向牺牲者的胸部射箭,让每个人都经受一次血腥的训练。

所谓鲜血能使神灵获得强大生命力的说法,真是自欺欺人。究竟是谁想见一见鲜血,不是很清楚吗?

▼男女贵族

有一种为玛雅血腥人祭仪式辩护的说法，认为玛雅的古典时期几乎没有人祭，那时所雕刻的温和形象体现了和平主义宗旨。人祭是后古典时期从墨西哥入侵的托尔特克人带入的，因此公元10世纪之后，原本庄重的玛雅信仰变得卑琐了。考古学上证明了这一点，10世纪之前玛雅宗教并没有发生变异，变化是野蛮的征服者造成的，尽管后来征服者与被征服者同化了。16世纪西班牙人根据当时的传说，也记录了这一点。

这让我们想到，玛雅人在其和平发展的古典时期黄金时代里，没有外部威胁，也就并不需要尚勇尚武。10世纪以后频繁的战事，才促使他们感觉到"嗜血"的必要，才使他们非要用血与火的洗礼来保证民族生存发展的竞争活力不可。受玛雅文化影响很大的阿兹特克人，有一绝妙的事例。他们甚至与邻近部族专门缔约，定期重开战端，不为别的，只为了捕获俘虏用作人祭的牺牲。这真是形同儿戏！玛雅人的"儿戏"更加形式化，他们建造了许多"篮球场"，用球赛的胜负决出人祭牺牲的对象。

▲玛雅石雕

一切的一切都是为了民族生命力的强旺。于是，血，成了主题词；红，成为主色调。当欧洲人初次见到这些印第安人时，竟把他们看成了红种人。虽说这些黄皮肤的人们在美洲的土地上偏得了太阳神之赐，但他们之所以被看成红种人大概主要还是因为他们给自己身体涂上了红颜料。那是血的象征。

对血红生命力的渴望，应该成为一个民族文化中合理的追求，只要不是追求血腥本身。

奇琴伊察的一口井

玛雅历史上，文化、科学的繁荣当属古典时期，这已为人所知。而其政治、军事强盛的时代却来得较晚，现在一般是把后古典时期——玛雅地区三个最重要城市玛雅潘、奇琴伊察和乌斯马尔结成"三城同盟"的时代——看作奴隶制国家获得极大发展的阶段。玛雅后古典期的历史，可以说就是这三个主要城市的历史。

11世纪初，玛雅潘、奇琴伊察、乌斯马尔三城结盟。玛雅历史开始三雄鼎立、合三而一的进程。几个世纪的角逐、融合的结果，就是使这一地区因最强盛的玛雅潘而得名。故事还得从头说起，一系列历史偶然事件都可以归到一位史诗人物名下，而他传奇的经历发端于奇琴伊察的一口井。

按照玛雅语读音记写的奇琴伊察（Chichen Itza），可以这样解读：Chi是"口"的意思，Chen是"井"的意思，Itza代表了定居此处的"伊察人"部落。合起来，也就是"伊察人的井口"之意。这并不是语言游戏，而是生存中最关心的水源问题的反映。

奇琴伊察地处尤卡坦半岛北部的干旱地区，水源全靠由石灰岩层塌陷而形成的天然井（玛雅语cenotes"洞状陷穴"）。要不是两个大型的天然井，玛雅先民伊察部落也就不会在此留下生存的标记。考古资料已经把此处的文明史不断往前推移，尽管奇琴城修筑是在公元6世纪（一说公元711年树碑筑城），但是在古典期之前，甚至玛雅文明的形成期（公元前1500～公元300年）就已经有玛雅先民在此生息繁衍了。而伊察人的到来则要迟至10世纪以后，他们兴高采烈地把井口据为己有，冠以自己的名字。

伊察人对两个性命攸关的天然淡水蓄水池——井口——顶礼膜拜，奉若神灵。从井口获得"圣井""雨神之家"头衔，便可见一斑。为了取悦神灵，他们把他们所认定的几乎一切好东西都投进"圣井"，不仅有金、玉、珠、宝、盘碟、

▼乌斯马尔 石雕之城

▲圣井

刀斧、贝雕等，而且还有人牲。西班牙人来到尤卡坦半岛时，对此作了描述。

然而，随着玛雅文明被西方人摧毁，很多玛雅城市都废弃了，其中也包括这"圣井"。到19世纪时，有关"圣井"的故事成了天方夜谭，令人将信将疑。倒是有个美国人好奇心很强，他兴致无穷地去寻找传说中的"圣井"。他费了许多周折，但长时间不懈的努力还是有了回报。1885年的一个夜晚，月朗风清，汤普森踏着泛着白光的小径，进入黑森森的丛林。当地玛雅人的指点果然不错，他终于见到了神往已久的"圣井"。

所谓"圣井"，按今天拍摄到的现场照片看，乃是两个椭圆形的天然蓄水池。井口开口呈50米至63米的略不规则的椭圆，井壁立陡，一层一层的岩层叠压在一起，仿佛是一道道密排的环圈。从井口到水面有20多米，水面之下到井底也有20多米深度。这样的景观可算是够奇特的了，它的造型、大小，特别是井口到水面的20米距离，都使它被当作"圣井"而让玛雅先民想入非非。

每当饥荒、瘟疫、旱灾等情形出现时，玛雅人就要把活人投进井里，或者叫作请往"雨神之家"去"询请"雨神的谕旨。这一点被汤普森的考察所证实。他和他的助手们抽出井底淤泥，果然从中找到大量珍宝和数十具少女尸骨。通常玛雅人是在清晨把作为人祭的少女投进井里，如果她摔进水中很快溺死，那么，人们就感到非常失望。他们会哭嚎着一起向水中投石头，因为神灵已经把不祥的预兆昭示给他们。这种用活人祭水中神灵的做法，可以在不少民族中见到。

▼奇琴伊察祭井

▲奇琴伊察境内的修女宫

▼玛雅潘

仪式的奇特在于人牲还有生还的可能。假如从清晨到中午,井中的人还侥幸活着的话,上边的人就会垂放下一条长绳,把幸存者拉上来。这个生还的人从此备受崇敬,被认为是雨神派回来的"神使"。

12世纪后期,有一位名叫亨纳克·塞尔的男子就因投井不死而被奉为"神使"。他甚至做了玛雅潘的最高掌权者。

玛雅世界的亨纳克·塞尔也一样,他经过验证的"神使"身份,使他成为玛雅政治史上不可多见的显赫人物。他把玛雅潘变成了尤卡坦半岛上最强大的城邦国家,而且他的帝国化努力也有了初步成果。1194年,亨纳克·塞尔的玛雅潘武装攻占了奇琴伊察城,血腥地镇压了当地居民的反抗。接着,他又征服了另一重要城市乌斯马尔。玛雅奴隶制政治实体的雏形已经呼之欲出,甚至今天我们把几十万平方公里的土地称为玛雅地区,把共有同一类型文明的这些人称为玛雅人,都应归之"神使"亨纳克·塞尔给玛雅潘这个城市带来的力量和突出地位。

这位圣井中来的"神使"由于自己并非贵族出身,所以给玛雅潘添加了世俗的色彩。除了建造高大的祭祀坛庙之外,他还全力修建世俗权力人物的豪华宫殿,内中包括复杂的立柱厅房,有众多舒适的房间,装饰华美,设施齐全,以"宫殿"命名。这种世俗性的大型建筑在玛雅地区其他众多遗址中是难以见到的。玛雅潘的统治大权落到了非宗教祭司的世俗军事新贵手中,这使玛雅社会的组织体系、社会性质发生了微妙的质变。

或许可以作这样的猜想,玛雅潘的政治领袖亨纳克·塞尔其实并没有那一段神奇的经历,所谓从奇琴伊察"圣井"中死里逃生的故事,乃是他编造出来的神话,用以证明他统治的合法性。这是不难想见的惯用伎俩,类似的事例不胜枚举。玛雅人的宗教神秘文化需要这样的"神话",他们的人民甚至会自觉自愿或下意识地为他们的军事政治强人编织一段"神使"的传说。

望着玛雅潘遗址宏伟厚实的城墙(玛雅地区其他城市并没有这种严格的城市边界)以及6个带城楼的城门,还有城墙内大大小小近4000个建筑的遗存,人们不禁要问:它们的缔造者亨纳克·塞尔,究竟是因为来自"圣井"才有资格和力量开创出这个大局面呢,还是由于开创了玛雅历史空前的规模才被这种文化视为"神使"呢?

▼玛雅雕像

道德约束力

有一种较为时髦的理论，称西方文化是"罪感文化"，而东方文化是"耻感文化"。也就是说，在西方基督教传统背景下，人们的思想和行为受制于凌驾万物之上、洞察一切的上帝，上帝迟早会给人的善恶打分，也就是审判。善有善报，恶有恶报，进天堂或下地狱在于自己如何为人行事。基督教认为人生来即有"原罪"，人类是背着沉重的包袱行走人生旅途的。这种观念使得个人直接面对上帝，直接体验自己的良心感受，道德的约束是内在的，所以，才有向上帝"忏悔"不为人知的隐秘罪错的宗教行为。

耻感文化则强调外在的约束力。罪错暴露，才会受到他人的谴责与惩罚，社会才会把耻辱降落到这个人头上。假如罪错不为人知，那么也就不会有社会群体的压力。耻感文化中的个人，其所作所为首先考虑的是他人、社会的评价，以受人赞许为荣，以人人排斥为自己的羞耻。

这种说法固然不无道理，但也失之简单化。许多民族的实际情况都是兼具两种倾向，只是稍有侧重而已。对个人来说，罪恶感和羞耻感常常是"并发症"，难分彼此。当他想做某件事，或已经做了某件事，而这件事又与社会公奉的道德标准抵触时，他就会体验这并发的罪感和耻感。这在玛雅人身上表现得相当充分，其事例也是出奇的饶有趣味。

尤卡坦半岛上昆塔那罗地区（Quintana Roo）有些半独立的土著玛雅人部落，他们对内在约束与外部压力的感觉相当说明问题，大有古风遗韵，颇得玛雅祖先的真传。

▼玛雅人的玉米神

也许古玛雅人真的没有十分严酷的世俗法律，他们是用罪感（对于神）和耻感（来自社会）来控制人的行为，就像这些部落所做的那样。他们唯一的惩罚叫"阿卓台"（Azote），也就是抽打脚底。这种刑罚实施起来很讲人道，即便是最重的判词，也只不过抽打100下。而罪犯又可以在连续4天时间里，每天仅挨25下打。

这种审判程序中最为意味深长的是，被判决的人在完成每次抽打之间的时间不是被投入监狱，相反却被准允释放，但他有义务在次日早晨自动投案接受剩余的惩罚。既没有警察，也没有任何一个村民去看管他，没有人负责把他押来解去地领受日复一日、连续四天的刑罚。犯罪的人必须自动露面完成每天25次责打,假如他不这样做,假如他没有在规定的时间来到指定的地点,那么,整个部落就会把他视为公敌,人所不齿。他就成了社会的弃渣、审判的逃犯、不受法律保护的歹徒。接下来,要是他死于非命,那么随便哪一个对他动武的部落成员都不会受到惩罚,因为这个人的生命已经被社会没收了。

这个事例似乎体现了玛雅人既受内在道德约束又受外力压迫的特点,尽管两者的结合相当精微,不易直观看清。

由于玛雅人表现出较强的正义感,他们的诚实美德也被世人公认,所以说,上述事例中,被判罚的人并不真正是畏惧"人人得而诛之"的惩处才一丝不苟地执行判决。他最怕的是自己落到被社会抛弃的羞耻境地。判决的训诫意味远远多于单纯惩罚的意义,这可以从所判决刑罚的形式看出来。抽打脚底并不是极刑,最重100下抽打实在温和,"分期付款式"的执行更显出人情味儿。这样的刑罚目的是让人改过自新,再给出路,其作用无非是让犯罪的人略微品尝一下羞耻的滋味而不是感觉皮肉的疼痛。分4次抽打再明显不过了,这是尽可能减少皮肉之痛,尽可能增加耻感的频度和强度。

而不拘不管、自来自去的意义更是高深,这完全是一种文化象征手段。用这样的象征形式来帮助犯罪者自行完善自己的内在道德约束力——他之所以犯罪就是因为他以前自我道德约束力有缺欠。这个连续4天的执行判决过程,将会使受罚者把甘心情愿接受外在规范的行动加以内化。

这个玛雅风俗隐蔽地使用了文化隐喻的机制,令人不能不赞叹玛雅人是处理道德和社会问题的天才!

玛雅人的宗教也促成了他们的道德模式,他们害怕自己由于罪恶而受到无所不在的神灵的惩处。因此,玛雅世界是一个夜不闭户的世界,小偷小摸在玛雅人中闻所未闻。作为一个民族,他们异乎寻常的诚实。没人去偷别人的庄稼,似乎一些古老的禁忌控制着这类不良行径。其实可以偷盗的机会无所不在,比如说无人看管的玉米地往往距离最近的村落也有数英里之遥。玛雅人相信,谁若是从别人的玉米地里偷玉米,就会被地里的守卫精灵杀死,这种观念成了远在丛林中那些"敞开的谷仓"(玉米田)的真正保险锁。

其实,人的道德感还是来自现实社会关系,来自经济利益的平衡。显然侵占他人的粮食、财产是要引起争斗的,于是社会就必须建立针对这类侵犯行为(包括偷盗)的规则(道德)。宗教观念无非是给予这种规则以超自然的认可,并以强烈的罪恶感作用于人的心灵而已。

耻感和罪感共同保障了玛雅世界的秩序。

▼现代玉米田

玛雅人的古代运动

　　球赛几乎是现代人生活中少不了的东西。一年里若没有几场球赛来让所有人震动一下，同心协力地加油或醉心一下，这一年就显得太沉闷了。欧洲人对足球的痴迷、美国人对橄榄球的疯狂，甚至日本人对棒球的"人人尽心、匹夫有责"，那都是已有公论的。

　　那么，球赛为何有如此大的扣人心弦的力量呢？也就是说，一种游戏性的集体对抗为什么会不约而同地吸引成千上万的人为假定的输赢如此投入呢？如果用这个问题去问球迷，回答可能仅仅是两个字"刺激"。

　　有意思的是，据说大众参与性极高的篮球发源于美洲印第安人的一种球戏。更确切地说，是玛雅人的一种球戏。一面高墙上有个环形石洞垂直于地面，也垂直于墙体，游戏者试图把球击进圆环。这幅画面好像经常同颂扬和平竞争的奥运会联系起来。

　　然而，真正的玛雅球戏却比这残酷得多。关于这一点，我们只要亲临球场看一看就知道了。

▲玛雅人流传的舞蹈运动

　　就拿我们所熟悉的那个球场，奇琴伊察的球场来说吧。它坐落在一个大广场的东端，本身是个"1"型的封闭广场。它是中美洲各遗址中最大的一个球场，比现在一般的田径场略窄略长些，长度为150米左右，两头各有一座庙宇。两条高高的平台挤出中间的比赛场地，平台靠场地形成两面高墙。墙上有环形球洞。临广场的平台上建有一个神庙，平台底层向广场开了一个外伸的暗室。另一个平台的墙面上绘有球赛的场面和输家被推上神庙做人祭的场景。

　　如果不是绘画和其他材料的印证，我们也许会用现代体育馆的眼光来看待这片绿茵场。而现在，当我们仰望平台高处的神庙时，又不得不联想到玛雅社会中习以为常的人祭场面，联想到角斗场。

　　各个玛雅部落之间，有时会为了获得俘虏做人祭，而商议好某月某日进行一场"战

▲现代球场

争",以便双方都可以完成求雨的仪式。于是,到了那天,双方各派出武士,在预先商定的地点开战。被对方俘获者就作为战俘在对方部落祈求雨神降雨或其他仪式上做人祭。照样是剖胸取心,有时某些骨头还被雕上花纹留给抓获战俘的人,充当他的战利品。那样的有预谋的互斗实在跟罗马角斗士被迫互戕没什么两样。一旦真打起来,也就跟真正的战争毫无二致了。

弗洛伊德说,战争是杀父娶母力比多的代偿性发泄。不过,近代研究攻击性行为的生理心理学认为,人类作为一种生物具有与生俱来的攻击性。文化使人们和平相处,共同抵御来自自然和其他猛兽的威胁,将这种存在于个性身上的生物性(也是生命力的一种表现)引向对群体有利而无害的方向。

随着人口的日益增加,彼此互相侵占生存空间,比如可耕地、海岸线、矿藏等,不同人群之间划地为界,瓜分领土。一旦在食物、人口、领地等方面出现利益的冲突或仅仅是因为少了而觉得不公,多了还想更多,就会把生物本能和灵长类的智慧结合起来,诉诸武力,运用策略,务必使身、心两方面的能量发挥得淋漓尽致。

在这方面,实际上人和其他动物有很多类似之处。动物有尖牙利爪,人类只能靠肉搏(情急之中也会使出原始招数)。但人类会制造各种利器,其杀伤力远胜于动物。对于人类内部的互相残杀而言,同类间的杀伤率当然也远胜于动物,只是人类高速的繁衍力(人类婴儿存活率较高,女性育龄较长)为这种残杀提供了很好的借口和很强的后盾。

人类有史以来,就没有停止过战争。在人口众多的今天,由于武器的发展日益独立于人类的操作,向高科技、高精度和自动化发展,战争对人的体能的要求减至最小,国家间武装冲突也在世界文化交流、合流的作用下减到了较小程度。但是,也就在同时,人类体能在体育运动中的表现和自我超越从来也未像今天这么成功,这么世界化。如果说过去世界各国、各民族都有各自的健身强体、克敌制胜之道,比如中国的武术、南亚的散打、日本的武士刀(或棍)、西方的擒拿格斗术等,现在则一律归为体育比赛项目。并且对抗程度极强的拳击、摔跤、柔道等运动纷纷越过

▼日本武士刀
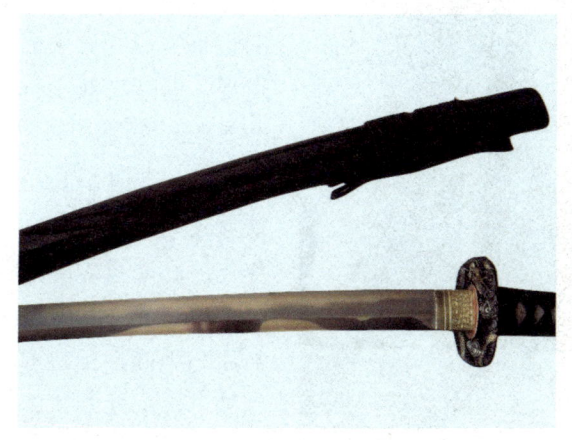

各自的国界,在世界各地以游戏或运动的形式,为人们喜爱、仿效实践。各国优秀运动员的增多迫使国际奥委会不得不修改有关标准,以限制有资格参赛人员的数目。各项世界纪录不断地被刷新。而且,由于发泄了体能而并不导致伤亡,反而增强了体魄,所以世界人口的身高增长趋势、体重增长趋势(当然这还有其他原因的共同作用)也有提高。

但是,仅仅用体能和生命力的宣泄来解释体育,总是有欠妥当的。田径赛的收视率远低于对抗性的球赛和拳击,尤其是对抗性强的集体比赛。当自己群体(小到邻近街区,大到国家)成员组成的球队上场比赛时,那种集体荣誉感、集体凝聚力被迅速唤起,简直难以用理性来解释。所以,在狂热的球迷中往往有比较激进的爱国主义者。而在观看两支与本群体无关的球队的比赛中,仅仅冲撞、对抗就足以让人兴奋。什么全攻全守、包抄、突围、以多打一、单刀赴会、直捣龙门,球赛实际就是战争,是战争在文化中的象征物。

由此,我们再去回想玛雅球赛的那种严酷性,或许更为有趣。玛雅人以球赛的胜负决定人的死活,把生死攸关和你死我活的事尽量变成游戏,而现代人却千方百计想把游戏变成性命攸关的大事(职业运动员制、高额奖金、雇佣费和家喻户晓的明星地位)。

玛雅人的规则是要人死,攻击性的调动是被迫的,但其强度也是可想而知的。现代人的规则是在不死伤的情况下发泄攻击性,同时坐收渔利者利用调动起来的生命力和代偿性发泄攻击性的愿望牟利。两类文化活动的表象都是假的战争,玛雅人调动它的手段和目的都是借神的名义,现代人调动它的手段和目的有时是健身强体,有时是不同群体间荣誉战争的得失,有时则纯粹是钱。从玛雅的球赛中我们看到,战争这种原始、本能的生物竞争方式在人类文化的文饰下可以成为一种象征。从现代的球赛中我们看到,无论是出于什么目的,生物性的对抗本能在文化中总能找到存在和表现的方式,文化的世故化总会为它提供各种各样精致的象征物。

在玛雅遗址的其他一些城市中心,大都也有类似的球场被发现,但规模都比这个150米长的小得多。后期的一些球场在场地形式上出现了一种变化。原来直立的边墙改成了斜坡,宽度大约与中间场地宽度相等。环形球洞也不

▼阿蒙神庙

见了，变成了两边各三个鹦鹉头形的标记。据说，球仍然是那种生橡胶制的球，重5斤左右，但不能用手或脚触球，而只能用膝部和臀部顶撞球。

还有一些不确定的说法。在多处遗址发现有一些重约20吨的石刻头像，其中有一个戴着头盔。有人说这是首领或武士装束的一部分，但也有人说这是球赛队员为预防5斤重的橡胶球砸破脑袋而戴的保护用具，犹如橄榄球运动员的全身披挂。可惜此种说法无法得到证实，不然关于体育比赛项目的伤害性问题又能找到可供参考的古今对比了。

▲卢克索神庙

然而，有一点是可以确定的。所有球场都建在神庙旁边或干脆与神庙融为一体。可见杀人的目的始终是存在的——在没有领土、食物、配偶等利害冲突的时候，人为地制造战争的象征物，规定一种毫无道理的游戏规则，制造输赢，制造冲突，这大概真是只有人类才想得出的残酷的文化产物。

人类有史以来，始终处于人口增长、利害冲突也增长的过程中。通过战争这种天然的解决方式，许多民族整个地灭绝了，有些则长途跋涉去开辟新的生活天地。当今世界上，除两极和一些实在不适于人类居住的地域外，所有的角落都被人类占领了。人们在企图瓜分和再瓜分世界的两次世界大战之后，终于开始意识到和平，以及被人类污染的自然向人类报复的问题。

与此同时，人类也一直在用文化手段制造各种各样的比赛规则，甚至人为地制造利害冲突，将剩余人口的剩余生命力、剩余攻击性引向一些与战争无关的方面。不致造成伤亡，但也不致造成强抑制后的爆炸。农林牧副渔、金银铜铁锡，工艺、商业、科学、教育、艺术、竞技，各行各业都有升华生命力的机会，各行各业都有自己的人造战争，各行各业都有自己的输家和赢家。只是输家并不必像玛雅传统那样被拉去掏心受箭。

其实，输赢又何妨呢？据另一种说法，球赛往往是起一种安慰作用，也就是那些不用去做人祭的一方故意输球给对方，让对方象征性地战胜自己，然后让对方走上神庙受死。然而，假战争终归是假战争嘛。对玛雅人而言，总是要有一批人牺牲；对现代人来说，比赛使群体终归达到了释放积聚的社会攻击性的目的，个体则在奋进中体验了自己的生命，实现了自我。

假的总是假的，象征总是象征。套用球迷的话说，球赛就是一场文化"刺激"。

具有特色的政治体系

古代玛雅城市是"真人"的一统天下。"真人"集政权、军权、教权于一身。在他统辖的区域内,遍布各种规模的城镇和村落。"真人"上台执政期间,最主要的政务之一是亲自任命自己属下的各村镇首领。

整个选拔、任命过程严格遵守传统的程式,但表面上却带有类似公开招聘的开明形式。所有的候选人都"平等"地经受一种奇特的考试。他们被问及一些模糊的问题,内容很琐碎,不知底细的人往往被问得不明所以。只有得到关于这种问答知识秘传的人才能对答如流,丝毫不差。这种秘传的对答内容犹如某种黑话或切口。光知道其中几句暗号还不行,只有全部答对才表示得了真传,确实是自己人。

其实,我们这种叙述方式已经在迫不及待地拆穿戏法。实际情况下这种训问被认为是神意的拣选,答对的人被认为真正有资格当得起首领之职,他们当即被承认为入围的领导阶层。而那些丈二和尚摸不着头脑者,或那些自傲聪明答非所问的人,则立刻被推出去处死。这类"有预排的即兴发挥"节目在其他民族文化史中也不少见,然而,玛雅人没有用阄、签或扶乩一类常见的道具,而是采用一种类似黑话的对白。形式公正却不存在任何侥幸的几率,堂皇的规范背后隐藏着非友即敌的杀机。

这种文化魔术的目的究竟何在?让我们看完再说。在一本叫《波波尔·乌》的书中以诗的语言描绘了那些真正的首领前去接受职位的详细过程,之后还不厌其烦地历数他们"选"上首领后的加冕仪式,其中提到的各种象征权柄和地位的物品倒是让我们大大见识了"权威"这个词在玛雅文化辞典上的详细注解。以下是部分解释:

然后他们边说边离开,"我们去向日出的地方,我们的父辈来自那里。"他们真的越过海洋,然后到达日出的地方。他们去接受首领的位置。
……
当他们来到王的面前,拿克西特是伟大的王的名,独一无二的裁判者拥有巨大无比的权力,正是他拿出权威的标志、所有的证物;然后是首领和副首领的标志以及首领和副首领他们的力量和权威的标志;最后拿克西特拿出首领的证物,它们是:华盖和王冠鼻骨和耳环玉制唇饰,金制念珠黑豹爪和美洲虎爪猫头鹰骷髅,鹿镶有宝石的臂章和蜗牛壳的手镯……鹦鹉羽毛的头饰以及御用鹤羽的头饰,于是他们全部收下然后带回……

和"真人"一样，这些首领在村镇上以较小的规模行使管理权，与地方祭司一起负责所有祭司娱神活动。平常这位父母官从农事管到诉讼，战时则理所当然地成为地方武装的头领。他们一经选出，终身尽职，并且必须永远对"真人"绝对服从。

这样一种终身制的分封关系如何保障封疆大吏自治而不割据，重权在握尽职而不僭越呢？问题的关键好像还是在于区分敌友的秘传知识。

未来的首领们凭什么胸有成竹地准备好去接受职位？他们显然对首领选拔过程的有关知识了然于胸。他们正是带着这种特殊群体的标志，到他们的父辈所承袭的、他们自己天生就从属于的那个地方找寻回应有的认同感。

这个群体，这个统治阶层的标志不是什么族徽、谱牒，也不是什么写在脸上的证据，更无法像现代医学发达条件下做什么血液、基因检验。而是通过一种口传的族史、秘密的"黑话"维持着血亲的凝聚力，保证着统治阶层的家族纯洁性。

玛雅继承传统是长子继父、兄弟共荣、兄终弟及、叔侄同政。总之，王室是世袭唯一的一个家族。高级祭司用各种图谱和口传秘史来教导成员的家族认同感，尽可能维护这个家族对王权的独享。"真人"一词也暗含这种纯真的特性。

由此而再观各村镇首领遴选时的近乎荒诞又极其残酷的一幕，就不难理解了。只有本圈子内的人才有可能得秘不外泄的"黑话"真传，从而才可能是"真正"适合于首领职位的人选。而那些新贵的暴发户、外来户或其他觊觎统治地位的人，作为异己当然要即刻铲除，毫不留情。这样决绝的做法，从进化角度看，当然有文化近亲繁殖的弱点，但是，也正是靠了这种严格的"黑话"制度，统治阶层保持了其在政治上的稳定性，维护住单一家族对广大百姓的辖制。

文化就是把一种社会秩序中的利害冲突不断加以文饰、解释、转译，让既得利益的统治阶层有各种理由来维护现存的社会秩序。玛雅人不仅以耳、鼻、唇等的身体标志和从头到脚的全套专有装饰来固定统治者的角色形象，借助人为制造的烦琐累赘的文字符号甚至神王名符来辅助这种统治的世代相传，而且还想出一种秘传的口头文化，在那些证物、徽号以外，做内化、内隐的识别密码，更为严密地保障一种统治世袭制度。这些文饰、解释和转译组成了绚丽多彩、精美神秘的文化外观，让本民族百姓顺应甚至自豪，令外邦人迷惑而又惊叹。然而，当不明所以的人试图接近这个权力圈的时候，就会在神圣的考问中被稀里糊涂地杀掉。文化并不只是些花样，当外来者为那些琐碎无聊的问话暗自发笑时，雕着精美花纹的用过多次的屠刀已经架在了脖子上。

▼身居王官的玛雅权贵生活

第八章
玛雅哲学与智慧

　　玛雅人看世界,看到了与我们不同的分类。世界并不能用我们所熟悉的气候、地质、植物、动物和诸如自然环境什么的这类冰冷的术语来定义。玛雅人的世界观充满了炽热的情感和丰富的想象。上述一整套物理世界的描述,在玛雅人看来只是对世界众多侧面中某一个侧面的过于详细的考察。一旦人为地把物理世界从玛雅人的乾坤宇宙中脱离出来而不顾及与其他侧面的前后左右联系,那么甚至连物理世界本身也失去了意义。

玛雅人的宇宙观

　　天地乾坤仿佛天经地义地存在在那儿，我们人类生活在天地中间。然而，这个"毫无疑问"的"事实"也是由文化观念给出的。我们说，不同的民族有着不尽相同的智慧，其第一层含义就是——不同的民族或许有着不同的世界观、不同的宇宙哲学、一念之差的倒转乾坤。

　　玛雅人看世界，看到了与我们不同的分类。世界并不能用我们所熟悉的气候、地质、植物、动物和诸如自然环境什么的这类冰冷的术语来定义。玛雅人的世界观充满了炽热的情感和丰富的想象。上述一整套物理世界的描述，在玛雅人看来只是对世界众多侧面中某一个侧面的过于详细的考察。一旦人为地把物理世界从玛雅人的乾坤宇宙中脱离出来而不顾及与其他侧面的前后左右联系，那么甚至连物理世界本身也失去了意义。

　　或许有人已过于聪明和自信地感觉到了玛雅人的"错误"，马上要提出质问：难道这不正是玛雅文化的愚昧所在吗？难道我们现代人不是经过了几千年的探索批判才建立起科学的、无神论的世界观吗？

　　可是我们应该记得，一种科学的世界观不应是静止的，曾经在历史上不断修正，也将在未来继续发展。而这种科学世界观的根本精神应当是不固着于某一种阶段性的分类。当世界的丰富性、宇宙的无限性向我们依次展开时，现有的一些科学分类术语也会变得捉襟见肘、大而无当的。从哲学的意义上，人类大约总是面临这样的总体处境、这样的大趋势吧。从每个个人来说，借助常识般的科学世界观去一言概之，固然也不错，但对其中大多数个人说来，大概也是不假思索地人云亦云，把科学的"或然"精神臆想成"固然"的本质，其心理过程多少又类似于盲从迷信了。这多多少少贬低了人类的智慧。

　　以今非古，以我非人，以这一时代或这一群体的共识去排斥否定另一时代、另一群体的价值，这当中缺少了一点相对主义，或许也就丧失了一种透视真理的慧眼、一种理解与同情的欣赏眼光。

　　玛雅人是有智慧的，就像古中国人、古埃及人、古印度人、古巴比伦人，或者今天充满信心的现代人类一样。这些玛雅人给宇宙排列了次序，一一落位停当，他们用自己的心灵、头脑，甚至还有双手，构筑成一个既满足他们自己、又满足于那个时代的宏大完美的体系，这就足够光彩了。

　　我们完全有理由以赞赏奥林匹斯神系的神话哲学的心情，来进入玛雅人的乾坤。

在这个乾坤天地中，居住着一大批超自然的实体。玛雅万神殿的神祇们，玛雅思想中象征性的动植物以及不计其数的次要精灵们，都匿身于普通人或动物、植物的生活中。这些神灵的每一种，全都和宇宙中某一个或较多的区域有着特殊的关联，即与某一个特殊的基本方向或一个特殊的时间单位有关，仿佛中国古代青龙、白虎、朱雀、玄武分别与东西南北相联系，而十二生肖动物又分别与某一年相关。这种跨越地球上最大水域太平洋东西的神似，让我们确信智慧是相通的。

小有不同的是，玛雅的神灵们并不是排他而专有地占据着舞台，尽管时空片段归其所有，但根本上说，玛雅人认为整个宇宙是连续不可切分的。这样，这些领有者（神灵）永恒不断地在空间-时间的连续性中运转流动。不要忽略这个"永恒不断"，它又与东方智慧灵犀相通。我们知道，古老中国文化有一个"易"的核心，易有三层含义：变易流转的过程，固定不易的本质，简易精赅的哲学。玛雅智慧在此处也埋下了伏笔。

当人们已经知道把现代物理学与东方神秘主义放到同一个题目下比较论述时，实际上是经受了科学分析世界观洗礼的人们转而在一个全新的意义上认识了东方整体哲学的价值。玛雅不在东方，但中美洲这所独立的智慧实验室同样具有东方情调的整体哲学。在玛雅人的概念体系中，宇宙乃是统一整体。物理世界与其他领域密不可分地交织在一起。那些超自然的、无法控制的、超感觉的体验，原来就是玛雅人日常经验的一部分，是现实的一个正常普通的方面。玛雅人活动的空间并没有被地上现实世界的界限所框定，它还延伸到天堂和冥界。不仅如此，时间和空间还水乳交融地统一在一起。就连神灵也不是高高在上主宰宇宙并施放"第一推动力"的万能上帝，他们也无非是玛雅乾坤内含的一部分，是时间和空间的某个侧面，这就是玛雅人博大统一的神学、哲学。

于是乎，一念之差，玛雅人的现实就与我们所看到的现实根本不同了。说不同，还是以一种理解与欣赏的文化相对主义态度；"不同"的潜台词就是意味着玛雅人这一套宇宙概念听起来很像玄秘的愚昧。确实，对于一个外人来说，要把玛雅人这套看似离奇的概念，就其本意理解成自成体系、功能完善的完整信仰系统，实在是困难的。然而，这只是我们作为外人的理解力问题，这套系统对玛雅人来说具有社会文化的完整功能。每个社会都坚信自己关于现实的观点是"真实的"而把其他社会的现实观认定为胡思乱想——即便是很有趣的，但也终究是歪曲的。假如我们沉浸在这种情绪中，一味纠缠于玛雅人的"歪曲"，那么我们的智慧就被我们所处的文化框死了，我们就不能透过玛雅人的"歪曲"看到某种属于文化创造的灵气，也就忘记了我们智慧的本质在于那灵动的转念，进而也失却了倒转乾坤的机会。

▼宇宙

玛雅人的时间观

时间，在我们的哲学中似乎是线性的，而玛雅人的时间轴却是一个圆。

玛雅人说，时间是循环的，它周而复始——不仅玛雅人如此，这几乎是整个中美洲文化的标尺之一，就连我们中国的老祖宗也信奉一套类似的观念，比如"五德终始""天不变，道亦不变"。何以如此呢？他们都有一个类似的生存处境，这种生存处境与我们现代"新人类"所面临的可大不相同。

从中美说到中国，从美洲印第安人说到华夏龙种，这种一致性是因为传说中他们有着共同的东亚祖先吗？也许他们共同传承了远为古老的观念。但是，最最根本的是，他们几乎都致力于某种靠天吃饭的农业文明。冰河期的气候干燥化，使得地球上中纬度成了许多有开发前景的一年生草本植物的天下。聪慧的人类采集某些草本植物的种子，培育它，从中建立了新的生存基础——农业。于是，自然界那个"一岁一枯荣"的现象不再等闲，而成了生计的首要关心问题。

从播种到收获，一个农业周期便告完成。在自然界下一轮寒暑更替中，这个播种到收获的过程还要重复，对于一个长期仰赖农业的社会来说，这个不断重复的过程似乎是永恒的。现代工业社会或者后工业化的信息社会，社会财富（广义的）的增长是几何级的或者乘方式的甚至是"爆炸"的。这在传统农业社会中是难以想象的。低下的农业生产率，使得社会长期稳定地维持着，而不可能有什么惊心动魄的突变。一个农业周期接着一个农业周期，总是同样反复，不会有突发的新鲜花样，就像昼夜和四时的交替重复一样。以致标示时间的单位都是最最本原的，年就是一个农业周期，例如古希伯来人就把收获季节之后作新的一年的开始，而中国古老的"年"字就与庄稼象形会意，月，就是月亮的周期；日，就是昼夜的自然周期，而绝没有都市派的浪漫，那种跨越甚至颠倒日夜的生活。

▼古玛雅的建筑

循环往复的现实存在决定了周而复始的观念意识。但这

▲现代印第安人的群居生活

并不是一个简单机械的应激过程。一个社会究竟怎样来整理它对世界的直观感受，怎样把观念意识展现为一种文化样态，这在每个民族都将会有不同的表现。这当中有着文化创造的智慧。

现代人类学家的观察报告无一不着重反映玛雅人的轮回循环的时间概念，哥伦布到达美洲之前的玛雅象形文字文本以及西班牙殖民统治时代的文献，也都显示了玛雅时间概念的重要性。轮回的时间是理解玛雅世界的最佳尺度，因为玛雅人关于时间的信仰乃是其思想的核心，渗透在日常生活的方方面面。

轮回的时间观联结着这样一些相关观念，即：时间不是静止的；时间是有方位的；时间是可测量的。时间可以被分成能够用数学来处理的等级单位，用以计算已往矣的时间数量，对未来作出设想，像确定下来的万年历。玛雅人的时间计算落到具体，更像编年史，仅仅是要把各个事件安置在时间长河中特定的点位上。

由于时间是个轮回环转的圆圈，于是颇显奇怪荒诞的现象出现了。时间轮回圈中的各个点位各自不再具有唯一性，当特定的时间单位循环回来重现时，那些从前与之联系的事件就仿佛被叠映再现了。此时有着彼时的影子，今天同构于过去，玛雅人的世界和哲学找到了一种一以贯之的完整结构。

▼玛雅建筑遗迹

人们说农业社会看重的是经验，因为最基本的生存活动所依据的是过去的经验。这个经验就是作为一种可重复的时间轮回而表现的。"此一时"理所当然的也就是"彼一时"，此与彼同在循环圈

的相同方位、区段,那么,彼时的经验与此时的事实就等价了。

由此来理解玛雅无所不在的超自然神灵,则在逻辑上顺理成章。某些神灵与其具体的时间片段相关,于是也就对此片段时间的各种事件获得了特别的影响力。过去是现在的暗示,而无论过去还是现在都能被用来预想将来。这一循环轮回的时间观,自然就使其具备了预卜和占星的性质。打个简陋的比方,去年的秋月是收获之节,那么今年也是,明年后年还是。

抽象地说玛雅人的时间观念,不如具体地考察体现这种时间观的历法。一个外人并不难理解玛雅历法的基本结构,甚至也能够掌握主导其运行的原则。这就离窥见玛雅智慧不远了,因为全面理解玛雅时间体系是通向其背后的概念世界的捷径。

物化的古代玛雅天文学最引人注目的成就是建筑。如果不是那些关于密林深处有座弃城的神话,玛雅文化遗址也许永远被尘土和雨林淹没了。上百名考古学家的工作使玛雅人辉煌的历史存在重见天日。今天当我们走近这些古城时,只见到那些凝重的石建筑。

有相当一部分考古发现被美国人带回本国去作研究了。但据现有资料来看,找到的书写记录不多,而且至今尚无法破解。然而,玛雅人还留下了那么多用石头垒起来的智慧。西班牙人的火没能将它们烧毁,雨林的吞噬没能使它们消失。它们历经人文历史与自然历史的沧桑之变,却依旧屹立于原址,让今天的人们仍然可以依稀想见玛雅城市的当年,玛雅人和玛雅文明的当年。

无论以东、西方哪个时代的眼光来看,玛雅建筑都是精美而有特色的。尤其是那些天文观测台及各种位置精确的石碑,乍看平平淡淡,甚至不知如何把它们相互联系起来。研究之后,才发现其中处处可见玛雅人对天文研究的重视和执著。

许多天文学权威人士认为,古代玛雅人所拥有的天文学知识比公元前古埃及人还要丰富。玛雅人有相当丰富的关于地球公转周期、月球绕转周期等天文学知识。然而,他们却并没有望远镜、星盘,也不用分数计算。那么,他们到底是用什么办法获得这些知识的呢?难道真是如传说中那样靠神的指示或外星人的帮助吗?

原来,奥妙在于观察方法。如果观察视线足够长,将观察到的周期误差减到一天以下是可以做到

▼观星台

的。玛雅留下的观星台有一座是圆形的，其他都是建在金字塔形的底座上。这些建筑在底下看上去大都高耸入云，有些还整个儿建在一层平台上，与气势恢宏的建筑群融为一体，更显得壮观非常，给人一种泰山压顶之感。与人相比，这些观星台真是太庞大了，但如果我们想到它身处密密匝匝的热带雨林深部，就能感受到其中的良苦用心了。玛雅人唯有垒起高高的塔台，才能从密林之上望及远处的地平线，从而达到精确观察所必需的视线长度。

玛雅祭司们全权负责所有天文观察任务。他们登上高100英尺左右（从70英尺至150英尺不等）的观察塔，走进塔顶的庙宇，从观察室里向外观察。用来定观察点的是一个十字形的错划，从这一点参照远处地平线上的某些固定标志，如两山间的山凹或某座山的山顶，观察太阳、月亮及其他星辰的升起和降落位置，从这些位置的周期性变化计算出会合周期，推论出星辰的运动规律，预见到日、月蚀和其他并升、并落现象。

▲玛雅古雕塑

天文观察的热衷程度往往跟一个民族关于农时的经验有很大关联。玛雅人主食玉米，而且种植的绝大多数也是玉米，每块地播种前都必须经过烧林这道步骤。参天的大树、丛生的灌木在前一年雨季时砍下，经过暴晒已经可以焚烧了。但大约12亩的树木草丛要一把火烧完，必须借助强劲的风势。真可谓"万事俱备，只欠东风"。于是，祭司就负责爬上天文台（金字塔）顶，去借东风去。他们向天借风，实际是依据早已在地上做好的标记。

玛雅人分别在科潘城东头和城西头的山梁上树了两块碑，两碑相距约4英里，各自所处的高度在600到900英尺之间。从东边的这块石碑望对面山上的石碑，每年的4月

▲尤卡坦半岛上的密林

12日和9月7日两天，太阳落山时正好落在石碑背后。而4月12日被认为是该地区适宜烧林季节的开始。于是每年祭司们总是仔细观察到这一现象之后，当天晚上就通告整个地区的农人，神已经示意第二天起可以烧林了。玛雅祭司先做认真的实地观察，尔后再请出神谕。

其实，玛雅人借以作天文观察的手法远不止这些。不过，从烧林日的选择中我们可以看出玛雅天文学的一个特点。他们总是想办法将天文化为地理，把观察到的只能看见却摸不着、留不住的天象变化，用人工可及的建筑手段加以物化、固定化，尽可能地把观察研究得来的知识为日后的实用提供方便，而不满足于在理论上得出一种抽象关系。这种"物化天文"的倾向与玛雅人经久不息的筑造精神合在一起，为后人留下了相当壮观的自然与人文结合、相映成趣的场景，甚至到今天还能看得到。

比如，玛雅人用来确定分、至日的建筑群。它们位于今危地马拉的佩顿，乌瓦夏克顿遗址群的标号E组建筑。西边有个大金字塔的观察台，对面是三座并排成一线的庙宇。正对着的东方，是一座较大的庙宇，南北两边各有一座较小的。三座庙宇坐落在同

▼玛雅建筑装饰

一块由北向南延伸的大平台上。从西边的观察台到东边正中的那座大庙宇之间,有两座小石碑,也许还起到瞄准器的作用。以西边台上的观察点为基准,每遇春分(3月21日)和秋分(9月23日),太阳总是在东西向的这根中轴上、也就是在东边庙宇的正背后升起。而当太阳向北移至北边庙宇的北角升起时,正是夏至日(6月21日),此时白昼最长,

▲中国古观象台

黑夜最短。相应地,冬至日(12月21日)的太阳应从南端庙宇的南墙处升起。我们在这里叙述固然简单,好像摆弄模型教具那么顺理成章。然而,准确的定位、高台起造的量度都是建立在日复一日、年复一年的观察基础之上,其间的耐性与恒心,人工与匠心,恐怕只有站在使人自觉渺小的塔脚下时,才能体会到。从这些物化的巧妙关系中,最无知的人也能读懂深不可测的天文含义。

观察春分和秋分这两个与播种和收获密切相关的日子,不仅有农时的意义,还有文化的意义。在原始农业阶段,没有什么日子比它们对人们生活的影响更大的了。因此,在玛雅人心目中,春分是带来雨季的羽蛇神降临之际,而秋分则是羽蛇神归天而去的时候。为此,可以在遗址的一些金字塔的南北台阶两端看到一些石刻的蛇头,有的大约1立方米。春分和秋分两天,当太阳落入地平线前,西斜的阳光将蛇影和三角形光影投射在地上,宛若一条蛇形。只有这两天里才能看到这种蛇影,预示羽蛇神的来临和飞去,也标志着雨季的开始和结束。这些用石头保留的奇观,无论从工艺还是从知识的角度来看,都是令人惊叹的。

说实在的,如果没有这些不说话的石头重见天日来做见证,光凭那些口传的神奇事迹和文字记录的佐证(何况其中大多未能了解其中含义),是很难让人们完全认识到玛雅文化的伟大的。正是靠了玛雅人蜜蜂般的筑造精神,和他们将繁难的天文标志于地理的巧思,才让今天的人得以见识这种将自然见于人工,将人的智慧又复现于自然的鬼斧神工!

而且,细细想来,与繁难的天文推算相比,不辞辛劳地在山顶、高台上搬石头造房子做标记,纵使再费时费力,也是划算的。在尤卡坦半岛上密林繁衍速度奇快、地貌常年被密林覆盖和改变的情况下,将遥远地平线上发生的现象搬到附近的山梁上、城里的庙宇上,甚至搬到投射于地从而人人可见的蛇影上,实在是太取巧的办法了!

永恒的天问,物化的天文。

数学计算中的伟大突破

玛雅人在数学上有一个伟大之处，就是将"零"运用到计算中来。这一做法比欧洲人早8个世纪，因而使向来以学统之先进而自豪的西方人大为震惊。

数学是科学的基石。西方思维传统中，提倡以数学为解释宇宙之本的毕达哥拉斯学派，占据了极为重要的地位。他们将数从具象的物体中，甚至从实用性的计数活动中抽象出来。将数本身提高到组成世界的基本元素的地位。在这种独树一帜的精神的倡导下，这个学派总结出许多重要的数学定律，至今仍以他们的名字命名。在西方思想史上，他们的数学风格与西方思维模式的形成大有关系。实际上，数学代表了一种摆脱一切具象，进行纯形式分析的倾向。正是这种绝对抽象化的倾向构成了科学思维的基础。

数学计算中"零"的引入就是这样的一种突破。有了"零"这个概念的引进，人们不再只停留于计算多少，还开始计算有无。数字也不再是单向的无限制累加，而是一个可以将不同进位抽象出来，统一于"零"的形式存在。22后面加上两个"零"，就变成了2200，将单向维度上的两个相差悬殊的数字，简单明了地联系了起来。可以不夸张地说，"零"为人类把玩数字，操作数量，打开了一个崭新的天地。

玛雅人有自己的一套计数符号。他们以一个圆点代表"1"，一横代表"5"。第一位到第二位采用20进位制，第二位到第三位采用18进位制。因此，"4"是四个圆点，"6"是一横加一个圆点，"9"是一横加四个圆点。"10"是两横，"11"是两横加一个圆点，"14"是两横加四个圆点，"15"是三横，"19"是三横加四个圆点。如果逢20进至第二位，则第一位上就用一只贝壳纹样代表"零"。

这种表达法表明，玛雅人已在计算中引入了"零"。在没有"零"概念的计算系统中，逢十则仅仅以人为命名的十位单位作数字标记，逢百、逢千也依次类推。如果有个数字135，它只表明有一个100加上3个10加上5个1。用这个数字加上65，等于2个100。而根本不涉及"零"概念。也就是说，只有具象的单向累加，还没有将空位的空加以形式化。

▼现代数字符的代表

借助数学上的深刻认识，玛雅人在没有分数概念的情况下，精确地计算出太阳历一年的时间。其精确度比我们现在所通用的格里高利历法还要精确。他们通过对金星轨道的观察和计算，计算出金星公转周期为583.92日。按照他们的办法推算，1000年仅有一天的误差。

古代社会中，天文、历法、农事，三者总是密不可分的。而它们的基础又都在计算。玛雅人

▲古玛雅雕塑

在数学上的早慧，使他们在天文知识、历法系统、农事安排上都表现出一种复杂高妙而又井然有序的从容自信。多种历法并用，每个日子都有四种命名数字，却丝毫不乱。没有任何特殊仪器，仅靠观星资料，每年准确定出分、至日，以及各种重要会合日的出现。充分掌握天气变化规律，准确计算出雨季、旱季的始终，为农业生产提供最重要的保障。

玛雅数学的成就当然还表现在他们超群的建筑成就上。众多巨型建筑和建筑群落的定位、设计，牵涉太多的数学问题。建筑根本就是凝固的数学和艺术。玛雅特有的尖拱门造型也蕴涵着精巧的数学思维。当然，还有许多用来展现他们天文学知识的建筑，比如观察分、至日的建筑群。丈量的精确性、定位的相互呼应都需要分毫不差的数学天才，才能使我们今天仍然能透过断壁残垣看到特定的奇景。

在古代玛雅社会，掌握数学的是祭司。他们存在的首要职责就是当好人与神之间的桥梁。他们要告诉人们哪一天羽蛇神降临，给大地带来雨季；哪一天可以开始烧林，可以得到风神保佑的许诺；哪一天战神来临，将带来战事，甚至死亡。他们是玛雅世界的权威人士。他们说哪位神动怒了需要人祭，国人就只好照办。据说，玛雅祭司在西班牙入侵者到来之前就曾预见到这一事件，并且从神谕中得知，这些远道而来的人将成为玛雅人的新王。总之，玛雅人心目中的祭司是神游古今、通晓天地之理的人物。凡事都要求教于他们。

▼玛雅建筑

▲玛雅艺术的结晶

▲中国史历日和中西历日对照表

那么，作为祭司本身，他们的首要任务就是要尽可能使自己当得起这种重任。玛雅的天文学知识完全建立在祭司们日复一日、年复一年的不间断观察之上，他们的数字记录系统地反映了这种纪年传统。玛雅人将一年划分成18个月，每月20天，每年有5个祭日，总和为365天。有意思的是，他们的数字进位也是分别采用20进位和18进位。这就很可能是起始于逐日记录天象观察的实用性需要。也正是这种实用性需要，推进了玛雅数学的发展，更进一步促进了历法、农事的发达。

从玛雅人的零概念可以看到其形式思维能力的早熟，以及整个天文、历法、农事知识系统的规模。而这些可观的成就，这种对抽象规律的追求，可能是与祭司们对神圣地位的追求互为因果的。一种莫须有的文化职能却促发了人的求知欲，在追求神人同感的过程中却开始了科学的第一步。真是歪打正着。

人类想了解自身、了解自然，了解自然力量、甚至超自然力量与自身的关联。这种求知欲构成了人类的知识史。而促使人类摆脱物质文化的自循环划圈，迈出这精神文化第一步的是这类祭司；从他们开始，人类开始切实、专职地研究历史、文字、天文、地理、数学、医药和心理。从他们开始，人开始从无到有地创造各种符号，并且用它们来记录过去、计算现在、推测将来。

通常我们十分轻视巫师祭司们的勾当，以为在那些"迷信"之中无非尽是些文化垃圾。然而，这个被我们视为"零"一样的神灵信仰世界里，却共生着无数宝贵的"文化生命体"。

精确度惊人的历法

玛雅人的历法精确度相当惊人，丝丝入扣。他们的历法分为仪式用祭祀历专名表达法、太阳年民用历表达法、长期累积计日数表达法三种，三种历法并行不悖，准确精密。

三种历日表达法，构成了一个复杂集合，它们用各自的方式记录着逝水流年，每一种都起着不可替代的作用，这也就是玛雅人不厌其烦的缘故。从本质上说，玛雅历法乃是一种错综复杂的机制，其中每一部分都能影响其他部分，而预卜计算某个特定时间的先兆或某个具体行为的合宜性成了历法机制中一种令人惊异的复杂操作。

宗教占卜功能是玛雅祭祀历的首要目的，它也是玛雅历法中最基础的部分。现代学者赋予它一个替代称谓"卓尔金历（tzolkin）"，按尤卡坦半岛的译意是"日子的计数"，而它实际上的玛雅名称并不清楚。

卓尔金历把一年看成是260天的循环周期，这显然无法用自然现象解释，雨季的长度、太阳运行高度角的周期、人类的怀孕期等都不是260天。这个周期看来是人为的，是其两个亚循环周期20和13的排列结果，而20和13在整个中美洲都具有仪式上的和象征上的

▼基督教文化

重要意义。卓尔金历的260天不分月，顺序用20个专名。专名分别是伊克、阿克巴尔、坎、契克山、克伊米、马尼克、拉马特、木卢克、喔克、契乌恩、埃伯、本、伊希、门、克伊伯、卡班、埃兹纳伯、夸阿克、阿华乌、伊米希。用1至13顺序与这20个专名互相循环匹配，完成一次循环正好是260。这与中国的干支纪历有很相似的机理，十个天干与十二个地支分别匹配，一个循环周期即所谓"六十甲子"。

▲历法中各个月份专名的象

卓尔金历是"玛雅甲子"。Kin就是"日"，是所有玛雅历法循环的基本单位。任何一日，都由数码顺序与各专名两个因素组成。具体说，第1日即是1Imix，第2日是2Ik，第14日是1Ix，第21日是8Imix，诸如此类，不断循环。而1Imix这种记法要到第261天才会再度出现。

玛雅人每个专称日名都与一个神灵相联系，以获得保护。这个神灵对于有着相应名称的那些日期（例如2Imix，3Imix，8Imix，等等）具有特殊意义。玛雅数码虽说通常由点与横组成，但也常常用该神灵头部特征和象形文字来表达。我们知道，每20天为一套仪式活动的长度，一年13套。只是不大好说究竟是先有历法还是先有祭神仪式，从结果看，神灵们在每日的分别出场导致了每一日的吉凶征兆。正像基督教文化中每7天有礼拜日（休息日）一样的内在机理，玛雅每一日不相同的吉凶征兆也能起自然调节作用。它使人做任何事都不会日复一日连续不断，因吉日凶日而有所选择避让。

这种仪式历法是中美洲文明的最基本发明之一。差不多每个不同民族都有一个它的变体，公元前500年就已开始使用的事例也经考古证实。尽管玛雅历法的其他方面都几乎失传了，但仪式历法面对着来自公历历法的严峻挑战，一直到今天仍在高地若干玛雅部族中保存着。

玛雅民用太阳年相对来说较为次要，叫作哈伯(haab)。它把365日一年分为18个月，每月20天，剩下的5天乃是"禁忌日"（19月）。虽然太阳年实际上略长于365日，而玛雅人也知闰日，但他们对闰日没有明确的规定。这些月份都有各自名称。

第一月的第一日是0Pop，最好译作"Pop的席位"；第二日是1Pop，第三日是2Pop，依此类推到第20日是19Pop。接下来的一天就是第二月的开始，"Uo的席位"。写下"Uo的席位"的交替方式也把它指派为前一个月（Pop）的第20天。尽管各月份各日这些时间段也许在计数上是间断的，但是从另一意义上说，它们又是重叠的。这种记数法或许反映了一种信仰，即一个时间段及其神灵的影响力都略略超出本分的范围。

各月份也有着特别的守护神，神灵们对人和事都有影响力。为了预卜的宗教目的，这种民用太阳历也必须与卓尔金仪式历法一起考虑，尽管太阳历的首要功能可能还是较为符合世俗农业历法的路线。

在实践中，太阳历的称谓从未单独出现于象形文字经卷、雕刻或历史文献中。日期常由仪式历来查考，或者较常见的是由与各种太阳历位置相联的称谓来查考，具体地说，恰如13个数码和20个专称匹配成260日循环周期一样，260日的仪式历与365天太阳年的排列产生了一个18980天的更大周期。即一个给定的位置（例如1Ik0Pop）只是在第18981天才重归。于是，在52年（18980÷365＝52）内指称每个独一无二日期的二元称谓，就叫作日历周期。

这个大日历周期也和它内部包含的循环周期一样具有相似的泛中美洲分布范围，对大部分中美洲民族来说，52年的日历周期对确定某一个日期在时间长河中的位置提供了很高的精确度，毕竟一个人的人生不会有两个52年。但这对于现代研究中美洲民族历史的人来说，每52年重复相同的日历周期位置，则留下了极大的模糊性。只有玛雅人的历法才包括了一种用来在时间长河中固定各个事件的较为精确唯一的机制，这就是他们的累积计日历法。

累积计日法分成9个数量等级，由小到大分别是金、乌因纳尔、吞、卡吞、巴克吞、匹克吞、卡拉伯吞、金契尔吞、阿劳吞。除了乌因纳尔是18进位以外，其余都是20进位，即1金代表1天，1乌因纳尔为20天，1吞为360天，1卡吞为7200天，1巴克吞为144000天……一般记日期只用到第5个等级，例如11、9、4、0、1即表示：11×144000＋9×7200＋4×360＋0×20＋1＝1650241天。玛雅人把公元前3113年看作新的纪年开始，那么这个第1650241天就约代表公元15世纪初。由于有累积计日法，我们可以清楚地了解玛雅历史上一些重要事件发生的年代。

在玛雅古代那些聪慧的头脑中，似乎装着许多精密的齿轮。他们不仅让世俗的历法和宗教的历法相互对应、运作，而且他们还放眼星空，找到更多可以互相参校的"齿轮"。他们知道金星公转周期是584天，于是就算出金星齿轮5转，地球齿轮8转便会合了（584×5＝365×8＝2920）。这个思路给了他们的历法许多益处。

▼玛雅金字塔

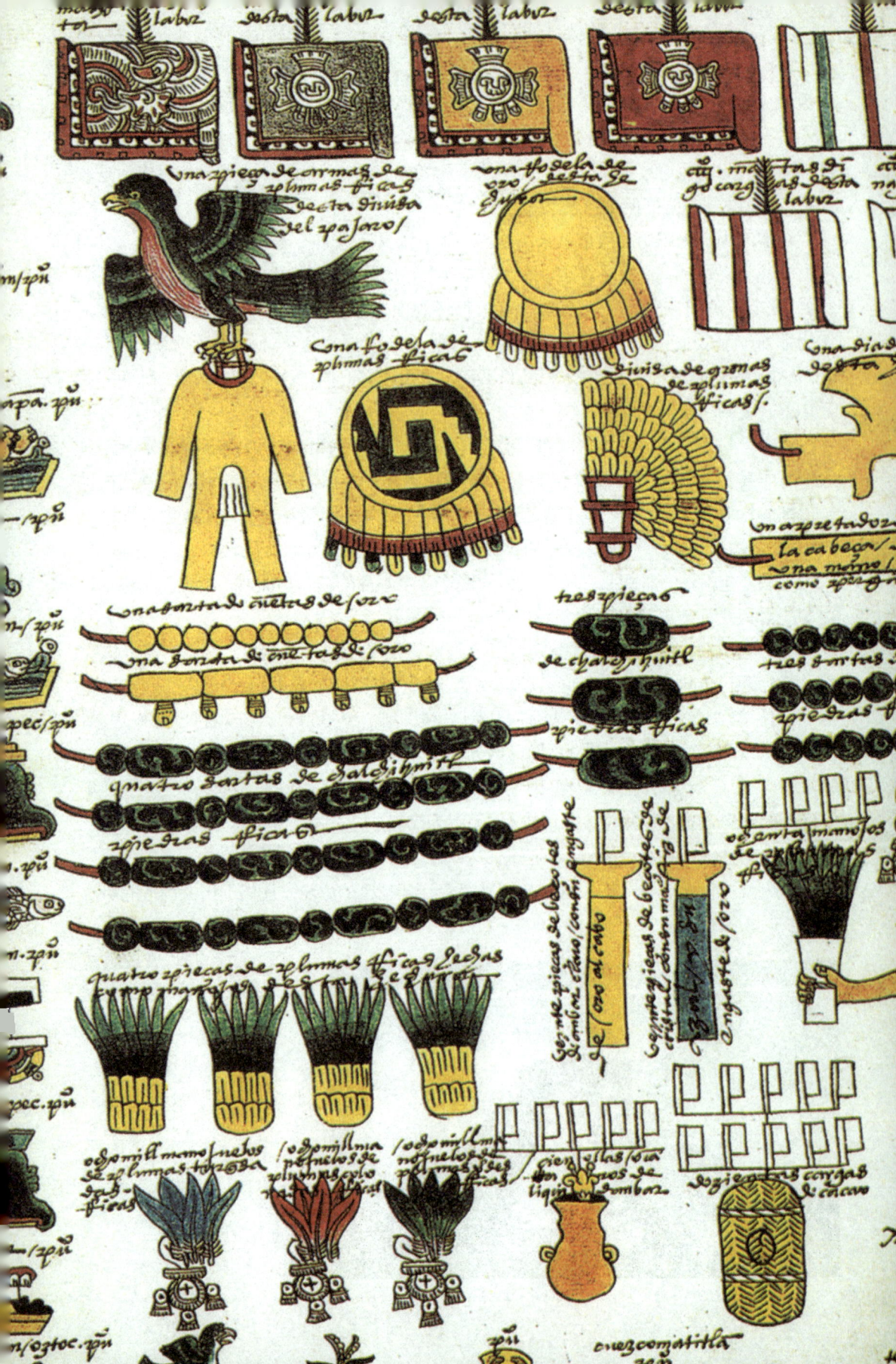

第九章
玛雅人的生产与生活

玛雅人基本上只种一类作物，不借助畜力，也没发明金属农具，原始的刀耕火种完全满足了人的需求。拿一个普通玛雅家庭来说，一般是开垦一块 10 到 12 英亩大小的玉米地。说是开垦，实际上就是在头年的雨季砍倒选地内的所有树木草丛，然后在第二年的 4 月焚烧已经晒干的枯木。

玛雅人利用造化之赐，作出了许多重要的开发。比如说，他们从生活在一种仙人掌上的昆虫里，提取出红色染料。这一技术的广泛运用的意义，无疑可以在玛雅绚丽的壁画中最直观地感受到。

玛雅人的耕种方式

伟大的文明不一定完全来自于闲暇,但闲暇无疑是文明的重要条件之一。

据说人曾经有一日一餐、一日二餐的文化进化阶段。动物饿了就出去觅食,有的单独出击,有的集体行动。吃饱喝足,最多要考虑考虑食物储存问题。进餐的次数能省则省。人类在形成群居、合作、分工的生存模式之后,大大提高了觅食的成功率。至发展出畜牧业与农业,则更加妥善地解决了温饱问题。

玛雅人基本上只种一类作物,不借助畜力,也没发明金属农具,原始的刀耕火种完全满足了人的需求。拿一个普通玛雅家庭来说,一般是开垦一块 10 到 12 英亩大小的玉米地。说是开垦,实际上就是在头年的雨季砍倒选地内的所有树木草丛,然后在第二年的 4 月焚烧已经晒干的枯木。根据玛雅研究专家莫利的估算,现代玛雅人平均一个家庭开垦一块 12 英亩左右的玉米地。连续种两年后就得让它休耕 10 年,因为第三年的产量仅为新开地产量的一半。这样的话,要保证这个家庭每年都有地种,就需要有 6 块 12 英亩的地,确保在其他 5 块地都处于休耕状态时至少有一块可以播种、收获。以一个村子平均有百户人家计,就需要有 7200 英亩,约合 11 平方英里的土地。如果再加上地质差异因素,在一比较贫瘠的地区,所需的土地面积更大。

现代玛雅人的耕种方式基本保持了传统,但也不是毫无改动。最大的差异在于农具,导致一系列主要变化的是一种新农具——砍刀的引进,它彻底改变了玛雅人的除草方式。

古代玛雅人是用手将草连根拔起,而现在,借助砍刀大大方便了劳作,却也带

▼玛雅人曾经的家园

来了除草不尽的后果。

美国华盛顿的卡内基学院曾于1933～1940年做了一个玉米种植实验。地点就选在奇琴伊察附近。他们采用连续耕作，头四年内用现代的砍刀式除草方法，后四年改用古老的连根拔草办法。各年产量以磅计分别为708.4、609.4、358.4、146.6、748.0、330.0、459.8、5.5。

头两年的产量较稳定，但从第三年起大幅度下降。而第五年改用古老的拔草方法之后，产量

▲蝗虫

即刻上升，甚至略高于第一年（用砍刀除草）的产量。第六年降至第五年产量的一半，第七年又有所回升。最后一年由于遭遇蝗灾（从1940年起持续三年）而几乎一无所获。这项实验的结果表明，用传统方式除草，虽然不能保证年产量比现代高，但能够将玉米地的连续耕作周期延长至7到8年。这样，维持古代玛雅家庭常年有地可种的土地量可能只需36英亩。由此进一步推算，玛雅人滞留在其聚居中心的时间也相对较长，他们将自己的文化印迹留在城市中心的时间也较多。

另外，莫里斯·斯台葛达博士根据自己对尤卡坦的农业调查，还指出了另一个更具文化意义的事实。玛雅农夫完成二年的玉米种植全过程，只需要190天。也就是说，余下的175天他都可以去从事生产食物以外的活动。不仅如此，通过这实际耕作的六七个月，他可以收获两倍于他和他的全家人一年所需的粮食。

▼玛雅建筑的某一角落

多余的谷物可以作种子，可以用作交易，以获得玛雅家庭无法自己生产和获得的生活资料及一些小奢侈品。热带雨林的环境使得生活的维持条件非常简单：没有过冬的烦恼，又有充足的木材、纤维，人生活其间就像植物生活其间一样，枝舒条达，容易存活。

而如果一个家庭没有太多的奢求，而光满足其自身的温饱问题（温是天然保证的，

▲埃及金字塔

只需自己动手解决饱的问题），七八十天的实际劳作时间就足够了。余下的290天左右的时间完全空余出来，有9至10个月。这么长的闲暇对于文化而言是极好的催生剂。玛雅古典时期的为数众多的金字塔、庙宇、广场、宫殿等都是这些闲暇中的杰作。西班牙人统治时期的大量教堂、修道院及公共建筑，今天尤卡坦地区的大麻种植园，也都是玛雅人的闲暇被利用的见证。

当第一批考古学家带回对玛雅遗址的宏伟印象时，许多人感觉它具有准神话特征。

重达数十吨的石块的采集、搬运，几十米高的塔台的堆垒，用整面石壁雕刻出的巨型头像，连绵的高台、神庙、宫殿建筑群，分布密集，数量众多，不能不令人叹服。在注重效率、计时计件的现代人眼中，用巨石垒起金字塔承载半在云间的神庙，实在是难以想象。何况，就拿那数百块深雕细刻的高大石碑来说，没有现代工具，竖起一块来就是一项复杂的大工程。埃及金字塔的采石、搭建曾是一个世界之谜。其实，埃及金字塔所有的高大、匀称、稳固乃至丝丝入扣（石缝间连利刃都插不进）等稀奇之处，在玛雅石文化中都能找到对应物。所以，将这众多的玛雅遗迹想象为神工鬼斧，也是在情理之中。

不过，想象终归是想象，在玛雅遗址中已经发现了采石现场，甚至还找到切割至一半的石块。真正的奥秘在于尤卡坦半岛富藏的石灰岩。原来，天然石灰石相对来说比较软，较容易切割，而一旦暴露于地面上之后，它会逐渐变硬。还有一种当地多产的砂岩，也具有这种特征，甚至在刚采出不久一段时间内，仍然易于凿刻。玛雅的高大石建筑都是用这些石灰岩和沙岩制造的。

还有一种安山岩，表面细致，纹理平整，非常适于用玄武岩或闪长岩做的石凿子（玛雅人没有金属器具）在其上凿刻，大部分石碑就是用这种石料做的。但是，

▼玛雅陶器摆件

▲玛雅玉米神庙

这种岩石没有开采前后硬度不同的特性。而且,在切割开的表面经常会有一些硬度极高的石结,玄武岩或闪长岩做的凿子根本无法在其上刻出印痕。因此,我们现在还可在许多石碑上看到这样的石结或整个小块凿崩后留下的凹形。有些玛雅艺匠聪明地将它们融入碑文或图案中,犹如中国印章篆刻和石砚凿刻的技术手法。

为了说明玛雅奇迹的创造者即是玛雅人民,而不是某方神圣,法国画家让·夏洛特画了一幅系列组画,描绘玛雅人竖立一块石碑的全过程。首先,他们采出石坯。安山岩的石质较硬,但它的纹理整齐,所以可以根据岩床的自然解理进行切割。由于这个原因,许多玛雅石碑的横剖面都是梯形,没有一个顶角是直角。

其次是搬运。玛雅人生活在热带雨林中,周围的密林里有的是各种各样的硬木,可以把它们制成各种长度和粗细的圆木条,让巨型石碑借滚木运至所需的地点。然后要把石碑立起来。(玛雅石碑通常正反面均有较深的凸雕,因此,都是先竖立起来,然后再在碑上雕刻纹样的)石碑最终要插入一个与底座相当的凹槽,才能固定住。而几吨,甚至几十吨重的石碑的直立,需要借助滚木、土墩和拉绳。所幸的是,这些材料在雨林中非常丰富。这以后才是搭起脚手架,让雕刻家像处理壁雕那样进行工作。它们的粗雕还要经过进一步的磨光,最后还要上色,用一种与树脂搅拌在一起的深红色涂料(少数也有用蓝色的)。树脂对颜色的保护效果很好。今天在一些凹纹和石碑底部还可以找到这种特殊的色料。

所以说,玛雅文化的遗产虽然壮阔得令人自叹人力的渺小,但它们的一切都确确实实是人力所为，而不是什么自然力或超自然力的点化。

由此看来，玛雅人实在是一些勤劳、智慧的集体劳动者。单单一块石碑的创造过程就需要多少人工的通力合作！何况光石碑就数以百计，而众多的建筑拔地而起，还需要多少石块的有序组合！现在，轮到我们为玛雅人这种愚公移山的精神而慨叹了。

▲玛雅人的宏伟建筑

当我们看到玛雅人将几百、几千吨的石头方方正正地堆出样子来，刻出花样来时，实际上不应该感到惊奇。把这些东西同现代社会鳞次栉比的摩天大楼、四通八达的交通网络相比，实在是算不得什么。只要有人，有闲暇，工具简单一些也没什么关系。人这个奇妙的生物总会想出办法来改变他生存的环境，留下人文的印迹。

玛雅人不辞辛劳地在地球表层搬运石块的精神，无论是一阶级对另一阶级的剥削，还是成功的全体创造，都表明了一个道理。人类不会让自己多余的劳动力和精神力量闲置。玛雅人一年可能只需劳作几十天即可养活一家老小，但他们会情愿或被迫地一年忙碌到头，创造一些与他们的自我维持和自我复制无关的东西。虽然玛雅人中只需有一部分人种地、打猎即可维持所有人的生存，但他们应该是所有人都各有所务，忙碌不停，去做些与生物性的个体延续和种族延续不完全有关的事情。

◀玛雅的中心和建筑

玛雅人的农业生产

当我们看到玛雅人留下的那么多庙坛、球场、观测台，不禁会想象与我们一样的同类生物是如何胜任这样巨大的体脑劳动的，他们的饮食起居有没有特别之处。最简单地说，他们以什么为生？吃什么？

回答是玛雅人食物的80%是玉米，各式各样的玉米。相应地，玉米种植也就几乎是玛雅农业的全部。

在建筑、雕刻、文字、历法等方面都有超凡造诣的玛雅人在农业发展上特别迟钝吗？如果这么说，则实在有些冤枉他们了。玛雅人至今仍沿用着3000年来基本不变的农业模式：种玉米。但这得归因于他们居住的这片草木繁盛、石灰岩居多、土层低浅的热带雨林土地。

今天，玛雅人用铁制的工具取代了以前的石斧尖棒，但耕种方式和工具仍然局限于祖宗留下的老规矩。先伐木，后烧林，再播种，然后每年变换玉米地的场址。使用的工具是淬火的尖头植种棒、石斧，还有用来装玉米种子的草袋。

那么，为什么没有其他方式或用具适应玛雅人这片土地呢？第一，此地土层很浅，一般只有几英寸深，间或出现一些小坑，也不过一二英尺深而已，而且实为罕见。再者，当地天然石灰岩露出地表的情况很多，无论你用什么农具翻土，犁、锄、铲、锹、耙，都是白搭。美国一些农业专家前去实地考察之后也不得不承认，玛雅人的方法就是最佳选择。如果把现代农业机械开进这片密林，那只能是杀鸡用牛刀，大而无当。

既然玉米农业构成玛雅人口粮的大部分，又是玛雅农业的全部，我们有必要了解一下具体耕作的步骤。种

▼古代建筑

▲大片的玉米地

玉米的整个过程分为11个步骤。

1. 选址。这不仅是万事开头难的一步，也是很有技巧的一步。在这样不利的耕作条件下，找地是很辛苦的事。农夫至少得花一整天时间，仔细观察林中树木、草丛的长势，树越高，灌木丛越密，它们脚底下的泥土也就越肥。然后他得考虑地与水源的远近。在尤卡坦半岛北干旱区地表水有限的地方，玛雅农夫至少要使他的地尽可能靠近某个水洼。在地本身的因素考虑到之后，还得参考它与村子的距离。这就看个人运气了，一般情况下总在二三英里以外，有时为找一块合适的地，也会迫使人走上一整天、甚至两天的路程。尤其当邻近的地力都用尽之后，就自然会向远处发展。这种无可奈何的"离乡背井"或许也是中美洲地区历史上飞地较多的原因之一，也可能直接或间接地促成玛雅聚居地的迁移。

选好地之后，农夫将之划成小块，用石块在每小块四角作标记。丈量土地的工具是一根20多米长的绳子。有趣的是，考虑到鸟雀的侵犯，农夫在量地时总是比每小块应有的边长（20米）多放出一点，仿佛裁衣服留贴边，这些余量是"贴"给鸟雀的。

2. 伐木。第1步中说是地，实际上与我们平常概念中的田地完全是两码事。它们根本就是一片林子，等着农夫把地平线以上的部分全部搬走。这个"搬走"，若真像动画片里面那样能瞬间完成就好了，可惜玛雅农夫还得用石斧（现在是大砍刀加铁斧，以前只有石斧）把立体削成平面。一般情况下，总是矮树、爬藤类植物和灌木丛先砍，等这些占据低空间的东西全部铲除后，再去应付那些参天大树。有时树太高大，只能先剥了树皮，让它慢慢枯死。砍下的树木还常被堆起来辅助接下去的烧林工作。以平均一块地含100小块计算，一个农夫用铁制工具需花50天才能干完这第2步的工作，以前用石斧砍伐的速度和劳动强度就可想而知了。

3. 烧林。砍伐的时间一般是在上年的8月，那时正处雨季高峰，草木所含水分充足，最易砍伐。而烧林的日子却要等到3、4月份，等到2、3月份的骄阳把那些砍下的草本彻底晒干。具体烧林的日子得是个大风的天气。有记录表明，这个日子是由祭司仔细选定的。这些特殊的玛雅知识分子用他们的天文观察和神学感应充当天气预报员。火先在迎风口点燃，借着风势席卷整片地。人们在一边不停地打呼哨召唤风神，希望它至少等到烧过预想位置再停下歇息。

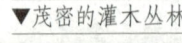
▼茂密的灌木丛林

一把火要坚持烧完10至12英亩的一块地，必须依靠持久、强劲的风力。

有趣的是，玛雅人只担心风力不足，而从不为风助火势殃及邻近森林而操心。原因还在于热带雨林的持牲。即使在最干燥的季节里，森林中树木仍含有足够的水分，难以点燃。因此，即使砍伐过的那片地烧尽了，火势燃及邻近树丛，也至多只能烧毁最近的一小部分，就自然熄灭，不会进一步蔓延开来导致森林大火。

4．圈地。这一步骤只是在有了家畜业之后才产生的。古代玛雅人不养马放牛，即使玉米地就在村子附近，也无须用什么围栏。即便是现在，充作围栏的也只是些临时性的灌木荆棘。由于玉米地的连续使用最多不超过两年（其中原因与除草方式的改变有关），所以这些围栏的使用率很低。

5．播种。玛雅人坚信播种应在一年的第一场雨后，而每年的第一场雨总是在圣十字日（三月三）这一天开始的。实际情况也确实如此。为了准备好种12英亩玉米地所需的种子，光是剥玉米粒就得花上两天时间，一般每亩地要用十来斤的种子。下种之前总是先用尖头棒挖一个坑，

▲玛雅遗址

通常四五英寸深。一次下种五六颗，有时还同时夹杂几颗豆类或南瓜的种子。各个坑洞间距离约为4英尺，一般一个坑内会长出2到3株玉米。盖土是简单地用脚蹬一下或用棒粗略地划拉几下。纵列基本取直线，有时也因地形特殊而作相应偏绕。一般12英亩的玉米地内有5000个左右的播种点。

6．除草。热带雨林的气候地理条件催生着各种植物，也使玉米地里的杂草长势凶猛。从3月到9月，玉米的整个生长期内，至少需要除一次草。一般是在玉米已长到两英尺高，杂草也长到同样的高度甚至更高的时候。现代玛雅人使用铁制的大砍刀，一顿挥舞之后，草籽乱飞。虽然除草时省力多了，但后患也不少。来年种第二茬时杂草蔓延的程度远胜于第一年，以至于除草还不如重新开辟一块新地，而且大大影响玉米产量。

所以，现代玛雅人很少在一块地里连续耕种两年以上。古代玛雅人则不同。他们除草时将草连根拔起，从而最大限度地减少了杂草的再生。

7．扳倒玉米秆。玛雅人种植的玉米品种很多，成熟周期也不一样。有的两三个月就熟了，有的却要过4个月，还有的甚至要6个月。总体来讲，全部长势良好，并且蹿得特别高，平均有十二三英尺。等到玉米穗成熟后，通常是在9或10月，玛雅人要把玉米秆扳倒。他们说，这么做能防止雨水灌进穗里导致发霉，还能避免鸟来啄食玉米。

8．收获。扳倒玉米秆之后一个月，也就是到11月份，玛雅人开始收玉米。收获季

▲玉米秆堆积

节很长,其高峰在1、2月,但要一直持续至3、4月份。去壳是用一种木、骨或鹿角制成的针,但这道初步工序只去除壳的外层。一个玛雅人要花3天收获1英亩地,平均每亩产量以穗计约35蒲式耳(1蒲式耳约为35升)。

9. 储藏。收上来的玉米有的就近取材,存放在玉米地里临时搭起的棚子里。等到5月份再次播种时去掉内层包壳准备种下。有的被拉回村里,堆在屋子一角,犹如家中的小粮仓。

10. 剥玉米。方法不止一种,可以用手工逐个处理,经常是一家人席地而坐,在玉米地里的临时棚屋里剥玉米粒。也可以用一张吊床,倒进十几篮玉米穗,然后拼命敲打,让玉米粒从网眼里掉到地上。为防止玉米粒向四周飞散,还有用杆架代替吊床的,周围盖上茅草之后再敲打,这样做快而不乱。无论哪种方法,时间一般都选在晚上。据说晚上天凉,飞扬的末让人发痒的程度不像白天那么厉害,最后处理好的玉米粒全都装进麻袋,等候播种。

11. 把玉米弄回村里。前面说过,玉米地距离村子远近不等,现在的玛雅人有时也借助卡车和畜力,古时的传统则是原始的肩扛步行。这并不轻松。

玉米的种植构成玛雅人农耕生活的全部。一个民族要存在和传承,选择自然、利用自然、适应自然是其文化的首要任务。玛雅人在这片多雨、土浅、草木丛生而又岩石多露的土地上求生存,多年来发展、种植单一作物,没有畜力、只有石器,却能满足日益增多的聚居人口的食物需要,并且可以在自给自足以外,留出众多劳动力去完成无休无止的建筑、雕刻和其他手工艺创造。原因正在于这种几千年摸索出的种植程式。其中的简单和烦琐一样值得我们深思。

▼玉米地

征服大自然

中国古人说："沃土之民不才，瘠土之民莫不向义。"（《国语》）著名文化人类学家、史学家汤因比在分析研究了全世界 26 种文明类型之后，也作出了相同结论。人类的文明发生虽然需要一定的环境前提，比如说埃及人在尼罗河流域，巴比伦人在两河流域，印度人在恒河流域，中国人在黄河流域，都先后发展出灿烂的农业文明，但是，环境过于优裕也同时取消了进化的动力，假如地球上处处都是花果山、水帘洞，那么我们人类就还和猿猴一样赖在树上不肯下来呢！人类针对不利的自然因素而做出应对挑战的文化行为，这才是人类的文明历程。各民族面临的挑战不同，做出的应对也不同，这就是各民族文化的差异所在。

玛雅人在这片荆棘疯长、地力贫瘠的土地上，为了养活一个高度文明所必需的人口，也有其独特的创造。有学者甚至把高产的玉米的培育归功于玛雅人而不是南美的印加人，这当然可以继续论证。但是至少玛雅人种植玉米的生产活动，与其所处的自然环境可谓相得相宜，无懈可击。他们不辞劳苦地四处选田址，砍乔木，烧荒草，点种，除草，其中播种方式居然到今天看来还是那么合理。为对付乱石密集、土层浅薄的恶劣条件，他们发明了朴素无华的掘土棍，其有效性使有些现代机械、半机械或人力农具都望尘莫及。

玛雅人美滋滋地享受造化所赐予的一切，尽管这并不轻松，但是他们乐天的性情和坚忍的耐心以及创造的禀赋，使他们也过得有滋有味。

除玉米以外，他们还学会栽培辣椒、西红柿、菜豆、南瓜、葫芦、甘薯、木薯等，作为食物的补充来源。经济作物有可可、烟

▼大自然风景

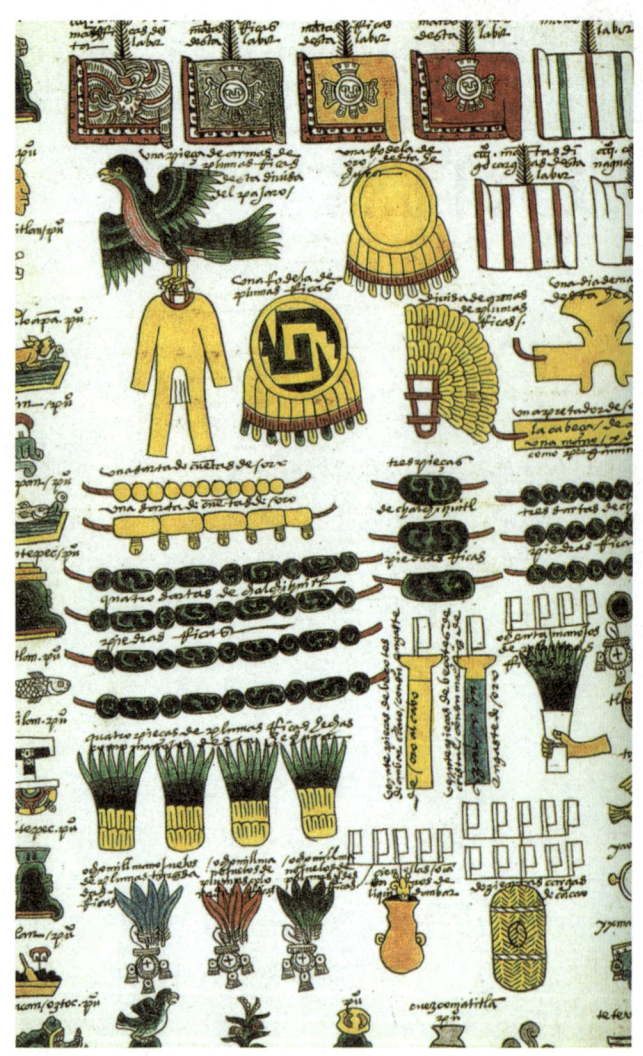

▲玛雅人描绘的各种事物

草、棉花、龙舌兰和蓝靛草。他们还会在宅前屋后栽种各类果树。他们在现代的处境似乎并不好,有点营养不良,因为今天他们很少吃肉,蛋白质的主要来源是豆类。狩猎活动如今只是偶一为之,但是在稠密的人口挤杀当地野生动物之前的古代玛雅世界,狩猎无疑是一项相当重要的营生。

他们猎取、诱捕的动物包括鹿、貘、西猯、野猪、野兔、犰狳、猴子、豚鼠、大蜥、野火鸡、松鸡、鹌鹑以及各种蛇。他们还会用钓线、渔网和弓箭多种办法捕鱼。沿海居住的玛雅人还用叉子捕获儒艮,也就是俗称的美人鱼。他们的装备是长矛、弓箭,为了对付飞鸟,他们还发明了一种吹箭筒。细管中装有泥丸,用嘴猝然一吹,泥弹射出就能击中目标,这种小巧的"无声手枪"在林中悄悄地一一射杀鸟雀,不惊不扰,十分奏效。他们还经常使用陷阱机关,还采集黄蜂幼虫、其他各种昆虫、河蜗牛和一些陆生蜗牛——造物所赐的这些小礼物,也是相当鲜美可口。

与大自然朝夕相处的玛雅先民,有着惊人的动植物知识。他们对各种野生植物的性状了如指掌,例如基纳坎特科斯部落人,单单蘑菇一项,就采集十多个可食用的品种。他们会选用芫荽(香菜)等许多植物作调味品,会采摘野菜烹制别具风味的佳肴。对于野生植物的药用价值以及在宗教仪式活动中致幻等神秘作用,玛雅人也不愧是行家里手。

居住在乌苏马辛塔河(Rio Usumacinta)以西偏远地区的拉坎冬部族(Lacandon),由于较少受殖民地时期欧洲文化形态的影响,还较多保留着古代玛雅先民的风貌。他们对大自然丰富的植物资源,有着极广泛的利用。

1901 至 1903 年曾在那儿生活过的阿尔弗雷德·托泽,惊奇地注意到:"土著们实际上把每一种树、草、灌木都用作食物、药物,或在他们的一些艺术创作中加以利用。"

蜂蜜是玛雅人特制美酒的原料。他们还从一种叫作 Lonchocarpus Longistylus 的树皮里提取"巴尔曲",那是一种醉人致幻的宗教用酒。

酒给玛雅人生活带来享受,烟也是他们自我满足的法宝。玛雅人吸着烟,腾云驾雾;又嚼着"生津口香糖",像现代美国人那样嚼个不停,自得其乐。这是玛雅人找到的一种植物,在地里干农活儿或外出长途旅行时,他们就以此来缓解干渴的感觉。

这样活着显得很滋润,不贪不婪又不负造化美意。视苦如甘,乐从中来。玉米虽是粗粮,但也可粗粮细做。他们早就掌握了烧石灰的化学知识,所以,他们的玉米粒都是用百分之一石灰水加工处理过的,干粒泡软后再用手磨碎。玉米浆既可添水煮粥,也可以用烧红的石头烙成面饼。玉米做的食物花样非常之多,有时还加入辣椒和可可粉调味。玛雅人的玉米主食虽称不上"不厌精""不厌细",但也确实尽可能地加工得精细些,这是玛雅妇女日常工作的最首要内容。

玛雅人利用造化之赐,作出了许多重要的开发。比如说,他们从生活在一种仙人掌上的昆虫里,提取出红色染料。这一技术的广泛运用的意义,无疑可以在玛雅绚丽的壁画中最直观地感受到。

关于玛雅人如何创造发明还有一个小小的例子,那是一个美丽而又富有哲理的传说。曾经有一天,伊扎王到野外采药,突然被一种像剑一样的植物刺伤了。他很生气,就命人拼命地抽打这种植物以泄胸中无名怒火。不料却抽打出了洁白坚韧的纤维。后来,玛雅人就用这种纤维制作绳索,派上了极大的用场。伊扎王从中感悟到什么,他说:"生命的诞生总是伴随着痛苦啊!"这种植物就是龙舌兰(又名世纪树),从中制成的坚韧绳索,乃是玛雅人一项至关重要的发明。

假如没有这种绳索,那么也就无法拖运巨大的石料,也就无法想象玛雅先民该如何创造那些高大的金字塔、观天台、纪年碑等一切辉煌的文明业绩。龙舌兰的美丽传说恰好浓缩了玛雅人适应自然、创造文明的艰辛欢乐的历史。

▼大自然景观

生存的第一问题

有一派文化学者认定，人类文明史关键的社会政治体制的起源是因为大规模治水的需要。且不说赞同与否，但是，水成了文化学者的主题词。

玛雅文明是否有关乎"水"，显然不无关系。他们的世界观就是洪水灾难余悸的曲折反映。实际上，他们的宗教演变史也是水的主题变奏史。至于玛雅人治水意义，我们不动脑筋也可以想到，在沼泽丛林里的玉米地曾养活了二三百万人口。

玛雅地区的水资源分配是非常不平衡的。尤卡坦半岛的整个北部地区几乎没有河流，干旱的气候与美国佛罗里达中部、南部相似，降水量极为有限。越往东、南越湿润，热带雨林气候明显。降水的地区性变化与地形地貌的差异相结合，造成了玛雅地区多姿多彩的动植物以及各具特色的生存环境。

从北部广大的平原说起，这片土地上现存着玛雅后古典时期（也即新王国时期）最重要的几个城市中心奇琴伊察、玛雅潘和乌斯马尔的遗址。10世纪以后，玛雅文明的重心转移到这里。这片土地的自然条件与古典时期文明中心所在地区完全不同，这也就使得后古典时期玛雅文化出现异变。

▼热带雨林

干旱地区的玛雅人，生存的第一问题是水，所以，辉煌的奇琴伊察城就建在两个大型石灰岩蓄水坑边上，这两口天然井成了玛雅人的"圣井"。奇琴伊察若逐字转译，即是"伊察人的井口"。人们最担心的就是天不下雨，于是，玛雅宗教史上一个重要的新现象出现了——雨神恰克日益受到崇奉，地位大有凌驾第一大神天神伊扎姆纳之势。玛雅祭司们的主要工作变成了求雨，这种情况直到20世纪70年代末还被来访者目击。小村子里一位年届八旬的老祭司主持祈雨迎神活动,他向恰克祈祷:"啊!云,我恳求你马上来临,带给我们生命。雨神恰克啊,我奉献面饼和肉食给你……我对你的请求是给农民以生命,下雨吧,在他们劳动的地方,重新给他们以生命吧!"

从这个事例中,可以想见玛雅宗教在后古典时期的变化。我们固然可以把这些变化归之于来自中墨西哥托尔克特人的影响,但是,从"水"这个主题不也能有所发现吗?正是因为玛雅人对神祇的请求(实则是对水源的渴求)变得极为迫切,才使得他们的献祭活动愈演愈烈,献祭的规格越来越高,出现血淋淋的人祭。退一步说,即使人祭活动确系舶来品,那么其"发扬光大"也与对水的迫切渴求有关。

让我们把视线从后古典时期转向在它之前更为重要的年代。在那个玛雅文明的黄金岁月(古典时期,公元3世纪至9世纪),玛雅先民生活的环境又是另一种面貌。那里不愁旱,只怕涝。

在这片低地种植玉米,玛雅人要解决排涝问题。当然,他们可以选择山坡开垦梯田,以保证主食玉米这种旱地作物所要求的土壤条件。他们确实这样做了,直到今天在玛雅地区仍能见到,但这种山坡地都不大。根据学者们研究,该地区地

▲干旱区

力不足,一块土地种植几年就必须休耕废弃。这样一来,人们所需的耕地总量就要乘上好几倍,以供休耕轮作。

要养活日益增多的人口,这种办法肯定捉襟见肘。而玛雅文明如此辉煌,特别是遗存的如此众多的大型石建筑,必然要有成比例的人口数量才能自圆其说。古典时期玛雅人口,大约达到二三百万。这么多人的吃饭问题如何解决,正显出文化创造的智慧。

1980年6月2日,美国卫星探测系统透过茂密的丛林发现了纵横交错、规模宏大的沟渠网络。这不是幻觉!为了证实图片上的"网络",一批大学教师亲往考察。他们或步行或乘独木舟,进入现今的危地马拉国和伯利兹(英属洪都拉斯)境内的低地热带雨林。他们亲眼目睹了奇观,原来这"网络"是玛雅先民的排水沟渠网,它们平均宽度1至3米,深半米。沟渠是用石锄刨挖而成,用于排水,这显然是玛雅人对付沼泽地的淹涝,开辟旱地的对策。经科学方法测算,证明这些沟渠确系玛雅古典时期所为。这也就解决了公元3世纪至9世纪玛雅人在这片低地的生计问题。

▲玛雅人雕塑

现存遗址中有一种人称"高地"的花畦，它就是玛雅人针对大雨淹涝而开辟的；无论雨水是否过多，它都可照样耕种玉米。玛雅人的邻居阿兹特克人，在文化上是玛雅人的模仿者。他们有一种叫作"水中田畦"的人工地块，制作方法是先用树枝芦苇编成排筏，将淤泥掺上其他泥土，敷在筏上，然后种植菜蔬花卉。把排筏放入水域中，通常是若干排筏相连，用插入水底的木桩来固定。再有填湖泊水洼修造的小块土地也叫"水中田畦"。阿兹特克人的这些做法，是否也有玛雅人的渊源呢？

无论怎样说，自然环境迫使玛雅先民采取了一些文化的策略。倘若没有进行大规模关乎生计的工程（排涝渠网系统）的客观需要，那么恐怕也不会有玛雅社会组织体系的进步。由这种集体劳动的组织管理中积累的经验，促成了玛雅古代社会进行宏大的文明创造的气魄和能力。

有个别学者陷入概念的圈套，把一种合理的理论演绎错了方向。他们认为既然地球上大多数农业文明都兴起于大河流域（埃及尼罗河、印度恒河、中国黄河、中东两河流域），并且由大规模灌溉系统的建设促进了高度组织化的官僚管理体系，那么，为什么玛雅文明会出现在低地热带丛林呢？那里并不需要灌溉呀！

其实，这些学者把到手的真理又轻易地扔开了。低地玛雅人不需引水浇灌，但他们却需要排水排涝。大型水利工程对他们来说，同样不可缺少。这不正是他们的社会文明的绝好契机吗？

▼印度人将恒河视为圣河

进一步说，玛雅地区的大量石建筑都有巨大的台基，这是不是为了在洪水到来时高出水面呢？联系玛雅人的世界观，他们特别强调人类多次毁于洪水的灾难，那么一级一级升高的金字塔是否就是他们坚不可移的"方舟"呢？

水，无论对玛雅人的生存、文明、信念，都有绝对的意义。

最原始的"货币"

当代世界一体化的大潮流，使现代人都完全懂得贸易的重要性，自给自足的经济使得政治上割据、文化上隔绝的状态成为可能，而相互间经济上的巨大需要却似一股无形伟力，把不同地域分布、不同种族归属、不同文化渊源的人们拉拢到一起，形成共同的市场、共同的语言、共同的文化。

贸易活动本质上是资源的交流。切莫狭义地理解资源二字，资源不仅是经济上的，而且也是文化上的概念。民族文化共同体的生成总要仰赖"资源"的交流。人们常说玛雅文明地处新大陆，在被欧洲人扰动之前乃是个"独立发展的智慧实验室"，此话不错，但这并不意味着这个文明是凝滞的。

在没有大规模的异质文明之间交流的情况下，一个文明同样能够获得必要的文化刺激。这种刺激来自其内部。缺乏外部交流，则内部的交流（包括交换资源）也成为文化发展的动力。内部交流范围的边际，也就是一种文明达成统一性的界限；内部交流的过

▼高端技术实验室

▲化学实验室

程,也就是一种文明达成同质化的过程。

　　玛雅文明,玛雅地区,玛雅民族,这些都是历史的概念。在特定的时空条件下,玛雅文化所达到的同质化程度和范围,才是我们理解上述概念的依据。古代玛雅人没能突破他们那个三面环海、两端窄陆的"半封闭""独立实验室",但在实验室的屋墙内却有着相当多的"化学过程"。

　　玛雅地区的自然资源分布绝不是整齐划一的,不同地域间的物资交换始终是十分重要的。要是没有联结其各部分的货物交换网络,那么,玛雅地区就绝不会作为一个整体而存在。

　　在整个低地地区,石灰石无疑在建筑上有很大用处,这种质地的石料易于切割开采,也易于雕刻装饰。在许多地区,含有可以制成砍削工具的浅撞石矿床;而高地则出产更为上等的黑曜石,这种打制石器的好原料是高地火山喷出的熔岩,几乎全由玻璃质组成,一般为黑色、褐色,有明显的玻璃光泽和贝壳状断口,可作工艺品、装饰品。用于制造碾磨工具的坚硬火山石和火山矿物颜料,也只在玛雅山(Maya Mountains)和高地才有所发现。在一切材质中最贵重的玉石(玛雅人对玉有特殊的情感),也只能在危地马拉的莫塔瓜谷地(Motagua Valley)被找到。在尤卡坦海岸地带和沿着太平洋海岸以及沿危地马拉高地边缘的矿床中,盐可以很容易地被加以利用,但在中部低地地带却难以找到。

　　不仅矿产如此,其他资源分布也不均衡。热带丛林的出产,包括取自各种树木的树脂(用于烧香敬神)、硬木和漂亮的鸟类羽毛,还有用作药材和香料的各种植物。

　　丰富多样的海产品乃是玛雅仪式活动中不可或缺的:贝壳、珊瑚、珍珠、鲔鱼脊骨。这份清单还不是全部,各地农业的特产和制成品,如可可豆、蜂蜜、陶器、织物、玉雕、武器等,进行着广泛而发达的贸易。

　　玛雅社会出现了专门的商人阶层,甚至在宗教观念上也有像北极星这样的商人保护

▼美丽的太平洋海岸　　　　　　　　　　　　　　　　　　　　　　　　　　▼海中游鱼

神。商人中一部分是权贵人物，另一些则是普通社会成员。他们利用奴隶搬运货物。在各个重要城市之间，居然还铺着碎石道路相通。商人有特制的商路图。沿海居民剖木为舟，用这种木船从事贸易，每船可容40人之多。

通常在玛雅城市中心里还有规模庞大的交易场所，或许还有货栈，可供商旅住宿往来。交易的举行有一定的日期。可以说，到了玛雅文明的后古典时期，商业贸易已成为其社会生活的重要组成部分。

有趣的是，这种贸易经济所联系的货币体系非金非银，而是用可可豆作为本位。比如说，一只兔子值10粒可可豆，一个奴隶约值100粒可可豆。这就引出了一个疑问：既然用这种可年年收获的可可豆作"货币"，那么会不会引起"通货膨胀"？玛雅社会是如何阻止"私印伪钞"的？

▲玛雅螺壳乐器

一般关于玛雅商贸的资料都不涉及这个问题，语焉不详。实际上，玛雅人的可可豆本位并不是一个可以与现代国家银行黄金储备相提并论的东西。它很可能只是一个便于计数的交换单位。比如前边那个例子，由10粒可可豆与100粒可可豆之间的比例关系，就可以准确获知一个奴隶等于多少兔子的价值。

可可豆显然不可能像"天然货币"的黄金那样，成为跨越时空的一般等价物，可可豆本位的贸易经济或许非得有特定的情境、特定的政治保障和道德保障不可。事实正是如此，贝壳、布帛、铜铃、小斧等也偶作交换单位。可见玛雅世界内部各城市、各部族的贸易本质上是易物贸易，不是要长途跋涉赚回"外汇"，而是要换回本部族本地区所需要的紧缺物资。所以，他们并不是要严格规定货币本位，而是把贸易中比较便于携带的部分用作象征。外来的观察者很容易把这部分交换货物（贝壳、布帛、可可豆、铜铃等）看成"货币"。

玛雅贸易在城市内部进行当然需要秩序和管理，这对其政治势力的消长不无影响；而在城市之间、部族之间进行的长途贸易，则必然是武装贸易。大规模、长距离的交换必定是关乎国计民生、关乎宗教仪式的重大需求，于是这种贸易就不是民间个人行为力所能及，而是需要集团政治军事力量的支持。有一种理论认为，玛雅文明在政治上的起源是各部族间必须进行物资交流，或者战争，或者贸易，或者两种途径兼而有之。他们的生产生活离不开石器工具，他们的神灵需要特定土产的供奉。这就是物资交流的必然性。

▼玛雅遗址

贸易把玛雅地区连成了网络，构成一个经济上、文化上都相互依存的关系，这就是玛雅人的共生圈。

玛雅民族服装

真正的玛雅文明逝去了，现代玛雅人及他们的居住地中再也看不到当年玛雅抄本和壁画上描绘的那些热烈而绚丽多彩的场面了。现代的玛雅人穿着美国式的便裤便装，女性头上的珠花也是从市镇上买来的，男人腕上有廉价手表，小孩子嘴里含着软糖，总之，当旅游者或文化学者来到他们中间时，可以立即感到，一种异国情调已经在世界文化大一统、大交流的背景中被冲淡了。而与此同时，美国士兵在海湾战争中把脸涂成黑、红两色，以示英武。美洲豹皮纹样、羽饰和头巾成为孩子们在万圣节时的穿戴行头。在这些戏剧性的场合人们以脸谱的方式再现着久已逝去的玛雅文明的影子。

翻开早期西班牙入侵者们的记录，首先让我们感受到玛雅文化独特气息的，也主要是这些戏装式的穿戴。文化使同样的人具有各自群体的不同特点，而这些差异性不仅表现在人们互相交往、人们与自然交往的方式上，更直接地表现在属于该群体的具体个人的包装上。正是从不同文化群体内部统一有序的人体包装上，反映着一种文化的内聚力。

▼玛雅壁画

▲充满了玛雅风情的服装

文化也正是借着这些披挂穿戴的纹饰和花样最直观地显现出来、流传下去。

今天的玛雅人已在服饰上引进了其他文化的表现手法，简化了古典玛雅装饰中许多精细、繁复、具有特殊含义的部分。但是，在墨西哥刺绣花纹、西班牙领巾、美国牛仔帽的依稀掩映下，玛雅文化的个性仍然顽强地保存下来。

也许是出于男主外、女主内的原因，女性及与女性有关的家居生活方式、人际模式甚至服饰习惯，往往是一个文化最难被同化、被取缔的部分。玛雅女性至今仍穿戴着一种四方如麻袋的直筒裙，十分宽大，颈部开口处有或简或繁的绣样，裙摆处的绣样与颈部呼应。无论刺绣的色彩如何，裙子的本色都为白色。别看它平铺在地上时直通通的毫无精工细裁之感，但穿在玛雅妇女身上，腰间一束，裙长适中，静处时线条流畅，下摆丰富的垂感透出女性的沉静，行时宽松自如，显得十分飘逸。

玛雅妇女平时深居简出，万不得已要出门时必然披上一条围巾。这种围围巾的做法来源于古时妇女出门用大方头巾裹住头脸并盖至胸部的习俗。现代时装设计中头巾被用来作为装饰光秃秃的头部或改善脸部轮廓线的道具，但有些时候也会回归到它的本来用途：遮盖和制造距离感。

把身体包裹起来、遮盖起来的服饰，一开始总是性禁忌的延伸，但后来往往成为表现、点缀、烘托的手段。在同一文化群体内部，还成为在共性中突出个性、甚至标志身份角色的戏装。

古代玛雅男子一律的标准穿戴是遮羞布、披肩、凉鞋和头饰。所谓遮羞布是一条五指宽的长带子，长度足可绕腰部数圈，然后兜住胯下，一头搭在腹前垂于双腿间至膝的高度，另一头在身后垂至大约相当的位置。披肩简单到就是一块方布，在两肩上围过来于胸前打结。凉鞋以平底加若干麻线为基本样式，平底的常用材料是未晒过的干鹿皮。头发一般全部朝天梳，留长发，于头顶扎成束。

▼贵族墓葬品

然而，在这统一的"玛雅民族服装"之中，不同身份、不同地位者在打扮上也有截然不同的标准。一般男子只有让家中妇女的巧手在衣饰上加上刺绣或羽饰的资格，但一切衣饰都要符合白丁的本色，即无色彩的白布。相反，贵族、首领、祭司、武士的装扮就千姿百态、美不胜收了。贝壳、玉石、羽毛、颜料、兽皮、挂件、动物骷髅，一切贵重而鲜亮的东西，都用来点缀，不厌其烦。对称、精细、繁复、鲜艳，是其装饰原则。有些图案是这些特殊人物专用的，比如美洲豹、鳄鱼、人面。刺绣的用色、针法更是极尽精美之能事。有一种羽毛也是这类权贵专用的。它是一种叫"克查尔"的鸟，只在中美洲有，它那华彩的蓝绿色尾羽使其成为玛雅王家的专用鸟。这种特殊的羽毛和其他宝石、玉块、金银饰、挂件一起，把权贵们的冠、披挂装点得宝气珠光。加上首领、祭司、贵族、武士各自代表身份的权杖、法器、武器，构成不同角色的行头。

光有行头没有脸谱也不行。玛雅人不仅男女都纹身，而且有涂脸的习惯。男孩子没结婚前把脸上、身上都涂成黑色，结婚后则全部涂成红色。如果斋戒，则再涂成黑色。武士涂红、黑两色，据说是为了表现英武刚勇；涂抹的位置包括眼、鼻，甚至整个脸部，还有手臂和躯干。俘虏的颜色是黑白条纹。祭司采用蓝色。至于这些关于以色彩标志身份的做法是图谱的专用表示法还是生活日常用法，很难从现在的习俗和图谱本身对古代玛雅人作出明确的推断。然而，以色抹脸、抹臂已经和羽制王冠、美洲豹皮一起，成为玛雅式装扮的特色。

▼阳光般的玛雅少女

我们中国人在戏台上用重彩脸谱分派角色，固定造型，古代玛雅人却把它摆到实际生活的角色分派、角色定位上。这种简洁、直观的程式化思维与民族服饰的规定、男女服饰的不同侧重是一脉相承的。然而，两者又确实存在些微妙的不同。后者追求的是服饰的本来目的，服务于耻感文化与性禁忌，也是特定文化群体表现个性的文化方式。前者则在服饰、文化的本来意义上进一步点缀、纹饰，成为社会角色标志的辅助工具，社会位置分派、稳定的手段。

第十章
玛雅人的占卜与生活

　　直到现代,在尤卡坦半岛的玛雅人中间仍然盛行着一种古老的仪式,土著们叫作赫兹梅克,即在抱婴儿时第一次挎着婴儿的臀部。这一仪式的渊源相当古远,而且在玛雅的人生仪典中,完全具有与洗礼和青春期仪式同样的重要性。

　　在危地马拉高地的卡克奇凯尔人中有一种信仰,认为一个人的出生日期注定了他的性情和命运。这是因为与那个日子相联系的神灵就与他直接挂上钩了。

玛雅人卜算未来

直到现代，在尤卡坦半岛的玛雅人中间仍然盛行着一种古老的仪式，土著们叫作赫兹梅克，即在抱婴儿时第一次挎着婴儿的臀部。这一仪式的渊源相当古远，而且在玛雅的人生仪典中，完全具有与洗礼和青春期仪式同样的重要性。

有关玛雅人这一抱挎婴儿臀部的仪式，其文化功能大约与洗礼与青春礼是同价的。初生儿受洗，可能有西班牙统治时期强制推行天主教仪礼（包括洗礼）的影子，其意义是对获得新生命的确认；而青春礼，即成年礼的文化意义在于一种"社会出生"，婴儿降生仅仅是人生之前的准备阶段，直到青春礼仪之后，一个人才真正从社会意义上"诞生"了。赫兹梅克仪式的一个要点是抱挎婴儿的臀部，这大概是重要的暗示。搂抱的婴儿处于躺卧的体姿，而抱挎臀部就使婴儿坐立起来。虽说还没有成丁"而立"，但却已是坐立，是对人生而立的一次彩排，寄予了上一代人对下一代人的殷殷期待。

这个仪式举行的时间，更是证明了文化隐喻的性质。按玛雅古老遗俗规定，赫兹梅克仪式当在女婴三个月时举行，男婴则在四个月时举行。

三个月或四个月的不同，据说是因玛雅人的炉火边有三块石头，象征着妇女在家中的活动范围；而玉蜀黍这种玛雅基本农作物的农田有四个边角，象征男子在田里的活动范围。这就是女三男四的意义。

由此不难看出，在女婴三月、男婴四月所举行的赫兹梅克仪式，是对孩子未来人生进行彩排的象征。玛雅人希望这个"坐立起来"的仪式预演男婴女婴未来的人生职责，把一种文化贯彻到未来时空。

通常在这一仪式中有一对教父教母——丈夫和妻子。即便只有一个，那就得由男人主持男婴的仪式，而由女人对一个女婴，仪式开始时，桌案上摆放着9种不同的物件，这是孩子将在以后的人生活动中使用的东西的象征，数字之所以为"9"，大概也和中国古人以9数为尊类似吧。对男孩来说，是一本书、一柄弯刀、一把斧子、一把锤子、一条刺枪、一根播种掘土棍以及其他将会需要的物品；对女孩来说，则是针、线、扣针、瓢、烙玉米面煎饼的铁盘之类的物品，通常是她的性别范围内所需要的东西。

男婴的亲生父亲把孩子郑重地交到教父手中，教父则把孩子挎抱在自己的左臂上，走近桌案，挑选9件物品中的一件并把它放到孩子手中。然后，教父一边挎着孩子绕桌案行走，一边告诫孩子物品的用法，比如他可能会念叨说："你现在从这儿拿了书本，带走吧,这样你就能学着阅读和写作了。"

他绕着桌案走9圈,每一次都选择9件物品中的一件交到孩子手中,同时"教授"孩子这一物品的用途,他把玉米粒放在物品之间,每走一圈就取走一粒,以此来记住走了多少圈。然后他把孩子转交给教母,教母又重复上述这些动作。她记住绕桌按圈数的办法是借助预先放在桌上的9颗葫芦籽,每走一圈后就吃掉一颗。随后孩子又被交还给教父,再由教父把孩子还给生父,说:"我们已经给你的孩子做完了赫兹梅克。"孩子的生父生母跪在教父教母面前以示谢意,赞礼者在一旁就把食物、甜酒、烧鸡和煎饼奉献给教父教母。于是,这个仪式也就圆满完成了。

现代玛雅人由教父教母完成的使命,过去恐怕是由玛雅祭司履行的。尽管掺杂了天主教的色彩,但是玛雅人的古老传统还是顽强地自我表现出来。要理解玛雅赫兹梅克的实质,非得联想到美洲印第安人数万年前有着亚洲祖源这一文化背景。

文化在代际传递,一代又一代。稳态的传统社会总是十分自信地敢于断言未来世代的生活面貌,上一代人可以完全看得见下一代的人生。玛雅人的整体宇宙观、轮回时间观以及无所不在的神灵信仰,使他们的祭司(教父)敢于自信地代为下一代"挑选",并彩排下一代的人生。

我们现代人生在一个日新月异的时代,谁能有"彩排人生"的文化自信,又怎知明天"百玩"都是些什么玩意儿呢!

▼玛雅人的精美工艺品

玛雅人姓名的由来

玛雅人深爱孩子。我们从今天的玛雅后裔身上还能看到对孩子的一片爱心。妇女对孩子的未来寄予相当大的希望，她们常常带着供品去向神灵祈祷并询问孩子的情况。为了怀孕，妇女向祭司求助。祭司则为想要孩子的妇女祈祷，并在她的床铺之下放置一个"制造孩子的女神"（怀孕与生育女神，伊希切尔）的偶像。

肩负着上一代人沉重希望的孩子一出生，他（她）的命运就似乎已经注定了。

从摇篮到坟墓，古代玛雅人的生活都是由他们的宗教信仰决定的，或者说，也是由祭司（占卜家、预言家）来解释的。事实上，每个玛雅人的人生的各种仪式的样式，早就根据其人碰巧降生的那个日子决定了。即，由他生日偶然落在卓尔金历（260日周期的祭祀历）某一天而因缘随机地预先注定了。

在危地马拉高地的卡克奇凯尔人中有一种信仰，认为一个人的出生日期注定了他的性情和命运。这是因为与那个日子相联系的神灵就与他直接挂上钩了。

一些神灵会善待这个人，而另一些神灵则会敌视他。

玛雅人认为一个人的名字必定与他的出生日（也包括生日那一天当值的神）有关，所以，他的命名是自动地拼合起来的。例如 Hunimox 就是与 Imix 日有关的拼合。当然这种做法很早就消失了。

常见的做法是一出生就由祭司给孩子起个名，这个名字将伴随他整个童年时光。命名的同时也是祭司给孩子预卜命运的时候，他甚至有可能因此被选中侍从祭司，接受职业密授。命名活动不仅包含社会中上一代人对下一代人的希望，而且还隐含了文化上其他许多功能。

古代玛雅人通常有三个不同的名字，有些人甚至还有第四种。

1. paal kaba，是常见姓名之一，一出生即获得，如同约翰、玛丽、小宝、珍珍一样。但是玛雅人有一种区分性别的方法，男孩通常在动物名、鸟类名、爬行动物名、树名等之前冠以"阿"（Ah），例如阿豹（Ah Balam）、阿羽（Ah Kukum）、阿晰（Ah Itzam）、阿乔（Ah Dzulub）；女孩名字前则冠以"细"（Ix），例如 Ix Can，Ix Kukul，Ix Nahau 等。

2. 父亲家族的姓氏，这和史密斯、琼斯或赵、李、欧阳有相同性质。男孩或女孩长到可以成婚的年龄要举行青春仪式，这与中国古代男子20岁行冠礼，女子15岁行笄礼一样。在青春仪式上，孩子们获得父亲姓氏；在中国，男子拥有了"表字"，成为成年岁月中他人称呼的用名。

3. naal kaba，即父亲和母亲两个家族姓氏的组合，很像英语民族的加连字符的姓氏：史密斯－威廉姆斯，结婚以后使用。某人的婚后名包括父亲家族的姓氏以及母亲婚前娘家带来的外祖母的姓氏，也就是说，女性的姓氏是通过一代一代的女儿传下去的。这很能看出玛雅社会过去实行族外婚的风俗。这些姓氏通常是动物、植物的名称，比如美洲虎、蛇、虱子、烟草、可可豆之类。

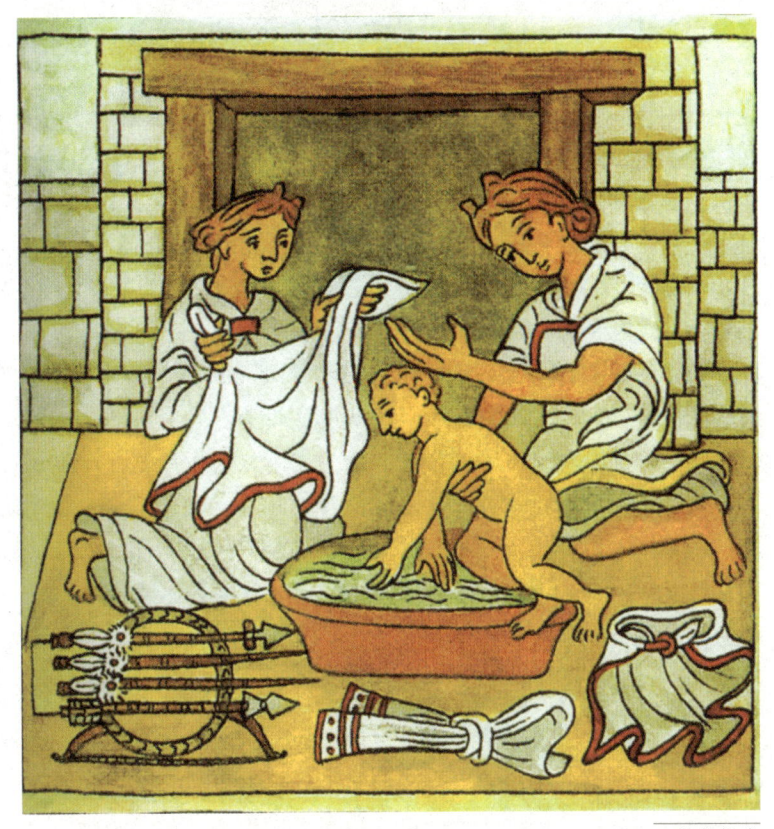
▲出生仪式

4. coco kaba，即绰号。往往根据某个人的个人特点而获得，像我们常用的"小个子""胖墩"之类。玛雅人 Ah Tupp kabal，这名字意指"声如雷震的人"；Ah Xochil Ich 意指"猫头鹰面孔、猫头鹰眼睛"。

不同的名号能起到不同的社会功能。在人生各阶段获得不同的名姓，本身就意味着人生活动的重大转折、人生职责的重大加码。人生中的命名活动具有非常实在的文化意义。

玛雅人的伦理道德

要了解一个社会，那么，了解一下其内部两种性别之间的关系，大概最有助于获得真切的感受。在男女关系上，一个社会会把它开化、文明的程度准确反映出来；社会的经济生活、人际关系、道德伦理各方面也都具体化地呈现在观察者的面前。

总体来说，玛雅男性居于绝对的优势地位，男尊女卑无可争辩。妇女被禁止参加宗教仪式，不得进入玛雅庙宇，这大概是初民社会男女两性分属不同的社团，各自有各自秘传的教义、规则、权益、神灵，不少文化人类学家对此已有论述。玛雅妇女不许在街上正视男子，相遇时必须侧肩而过，这也许是"两性战争"的结果，是主宰与臣服的象征。至于男女不同食，虽说不能完全比附于古代中国的"男女七岁不同席""授受不亲"等，但是，其本质还是相通的。社会要以一种最为日常的活动来确立并日复一日地强化男尊女卑的观念，玛雅人自觉不自觉地这样做了。无论辈分如何，性别从整体上区别了等级地位，这是一种团体的地位。从男人们先行就餐的顺序可以看出，不仅长辈在先，即父亲先于女儿，平辈间兄先于妹，而且不同辈分之间也同样如此，儿子先于母亲，弟先于姐。家中男性成员心安理得地接受女性的服侍，训练培养了整个社会的纲常伦理。小男孩从小就懂得了自己的性别角色，小女孩也潜移默化地受到了性别角色教育，以使她们长大后顺应整个社会男尊女卑的关系结构。吃饭小事，竟然是关乎社会结构秩序的大工程，文化机制的巧妙，正在此处。

▼玛雅文明全景

著名的玛雅文化研究专家莫利（Sylvanus G.Morley）曾说过："儿童的培养，更多的是靠他们自己顺应那套复杂的精心策划的社会实践的愿望，而不是靠苛刻死板的规矩。"他实际上已经从玛雅人的儿童教育中隐约地看到了一种文化塑造上的智慧。

由于玛雅文献的缺乏以及多数文字尚未破译，我们无法知道玛雅先民对他们的伦常秩序作了怎样的理论表述，然而我们仅就今天玛雅部落遗民们的行动，也可约略地想见他们的"三纲五常"。

父为子纲，夫为妻纲，君为臣纲，这样的说法可能让现代社会充满新思想的人们大倒胃口。然而我们不能采取非历史主义的观点看待人类文化的历史，否定那些曾经存在过的社会价值和行为规范的合理性，否定其推动人类文明的巨大作用。如果尊重玛雅人曾经创造的一切，我们会发现，他们是以巧妙的方法实现社会人群的整合的。

▲人类历史上的十大奇迹之———宙斯神像

如前所述，他们摆平了两性间可能的不平衡冲突，不露痕迹地巩固社会伦常的成果。如此说，他们不十分严苛地对待孩子，却有办法把社会精心设置的伦理观念灌输给他们的孩子。当一个男孩长到四五岁时，也就是现代精神分析大师弗洛伊德特别强调的那个年龄段，父母就要在他的头顶的头发上系挂一个白色小珠。这似乎没有什么特殊意义，其实不然。不要小看这小小的挂珠，它在孩子头上晃来荡去，时不时地敲打着孩子的脑袋。尤其是当孩子异乎寻常地闹腾时，这种轻柔的"敲打"该会变得十分剧烈。这是不是一种训诫的隐喻手段呢！也许时间已淡化了它的功能本意，但是，这种"敲打敲打"的文化训诫功能是可以想见的。再比如，我国的《诗经·卫风·竹竿》曰："淇水在右，泉源在左，巧笑之瑳，佩玉之傩。"注曰："傩，行有节度。"也就是佩挂的玉饰件使人举止有节。再举更明白点的例子，《礼记·玉藻》云："古之君子必佩玉，……趋以采齐，行以肆夏，周还中规，折还中矩，进则揖之，退则扬之，然后玉锵鸣也。"也就是说，君子（在若干含义中也包括"上层人士的子弟"这一意义）集中注意力于身上所佩挂的玉饰上，这样必须按照一定的规矩，有礼有节地动作，才能使玉佩按一定节奏发音。别人可以根据玉佩相碰发出的声音察知君子是否有礼有节、合规合度；君子本人则用玉佩锵鸣之声驱除非辟之心。

我们从中可以看出，玛雅人的挂珠在起源上当有类似的功能。他们曾经在孩子一出生时就悬挂小珠以使孩子（当然也是贵族的孩子，君子之类吧）变成"全神贯注"的内斜视（对眼儿、斗鸡眼）。这回他们又故伎重演，在这个"三岁看老"的人生

▼玛雅文化

关键期，给孩子头上拴上"敲打"的小白珠。想必这小白珠能够限制顽童纵性纵情的闹腾，极为微妙地让男孩们在意这个头顶上朝夕不离的小玩艺儿，从而从心理机制上造成一种对内心冲动和不平静进行克制的倾向。这真是个高招，亏玛雅人想得出。

对女孩儿也有一套办法，当她们达到同样年龄时，就要在她们腰间扎上一根绳子，上边垂挂着象征其贞操的一枚红色贝壳。这其中隐含的意味，自然不言而喻了。

▲失落的玛雅文化

在青春期仪式到来之前，要是取下了这两样东西，那就了不得，尤其是女孩儿摘下贝壳，那会被视为奇耻大辱的，父母对此非常在意。

家庭中这些细微的潜移默化，保证了玛雅人的社会道德伦常观念的内化，四五岁是儿童性格形成的关键期，这时候形成的一套基本心理反应模式，会影响一生，决定着他（她）成年经验的轮廓。不仅个人，整个民族的命运都是在家庭这个狭小舞台的限制内决定的。一般说，玛雅母亲们非常亲抚她们的孩子，总是喃喃地对着婴孩讲儿语。这或许就是玛雅人总也摆脱不掉保护神观念的心理起因，他们总是渴望神来亲抚、眷顾他们，理解他们的处境、满足他们的愿望。这已经引发到玛雅社会意识形态的高度了。

有时不得不对孩子体罚，母亲总是不参与此事。父亲的惩罚，大概有助于孩子们"切身"体验男性在社会、家庭中的权威，这对一个男尊女卑的社会结构无疑是十分必要的。"父严母慈"，这个理想的家庭内部搭配，大概对玛雅纲常伦理的确立与巩固极有助益。

在玛雅家庭中，大孩子不仅被要求来照顾年幼的弟妹，而且他们也被肯定对弟妹具有权威。年轻的家庭成员对年长者的尊敬是根深蒂固的。父亲是无可争议的一家之长，没有他的首肯，什么也做不得，当然母亲也同样受尊重。这是什么？这就是长幼有序，这就是中国古人所重的"孝"和"悌"，这就是现代西方大学者赖希所指出的："（家庭是制造）顺从动物的工厂。"假如没有这种来源于童年经验的纲常伦理，假如没有这种"顺从"，那么，也就没有玛雅人想必极为完美的社会组织体系，进而也就无法想象这些缺少现代机械设备的人们能够通过齐心合力有组织的劳动来完成诸如宏伟的金字塔、坛庙、石碑等人类文明的辉煌纪录。

▼想象中的玛雅人的头像

玛雅人的"种姓"

玛雅人的聚居点有完善的道路、公共建筑等设施，但大部分玛雅人却居住在城外的村落里。城里一般只有祭司、首领等不直接参与农业生产的人居住。他们的饮食依靠各村镇的进贡。

我们知道印度有个种姓制度，将人依据姓氏分为四种，首陀罗是奴隶，他们存在的唯一目的就是服务于其他三个种姓。婆罗门据说出生于原人的头部，地位最高，具有神的力量。他们在社会中行使祭司的职能，讲授经文，主持祭祀。刹帝利出生于原人的肩部，拥有皇权，同时也是战争的主力。吠舍出生于原人的腿上，人选应从事具体生产，然后以税贡形式寻求神的护佑、首领的保护。各个种姓集团大小不等，一般都在万人左右。但他们并不分别聚居，而是分散于各地，渗透在社会中各司其职。

其实，这种划分人口的方式在南亚各国的印度族居民中都有留存。种姓的划分不仅借助严格的婚姻保持血统的纯正，并且借助社会职业的固定化维持社会等级的稳定。比如，个人或群体的圣洁、高贵，按级提高。一些被认为具有污染性的职业，如与已死的动物接触（如制革工），或与身体的排泄物接触（如洗衣工、理发师和厕所清洁工），都由低级种姓的人去干。

每个社会都有维持社会等级差别、控制社会内部混流、冲突的机制。一般而言，父亲和儿子所处的社会地位（经济、政治、受教育程度）都不会相差太大。

▼美丽的西印度群岛小镇

玛雅人没有种姓制度，但其人口也大致可分为四个群体。而且这些群体的内聚性较强，玛雅社会为维护这种文化分层，对各个群体人的血统、职责、俗规作了明确规定。保障位高者的凌驾，杜绝位卑者的僭越。

这四个群体是贵族(aknegebob)、祭司(ahjubob)、平民（ahchembaluinicob）和奴隶（pencatob）。

贵族包括王（halach uinic），即真人，和村镇首领（batab），以及更低级的头目。batab管理村镇事务。他们虽然是由真人指挥，但基本上都来自一个世袭的贵族群体。almehenob这个词在玛雅语中的意思是"有父有母的人"，他们被认为是天生的领袖。他们在真人面前受过考问、接收象征权柄的凭证之后，就返回各自村镇行使司法权和行政权。在战争期间，batab是本村本镇战斗力的组织者。作为指挥员，他们还要服从于军事首领nacom。和平时期，他负责监督本地区百姓的农事活动，并且逐年向真人进贡财物。

次一级的特权阶层包括ah cuch cabob、ah kulelob和ah holpopob。ah cuch cabob是镇中长老，一般两到三位。他们是batab的顾问，参与决定地方政策，而本身又是镇中再次一级行政单位的头领。ah kulelob，相当于帮办，协助batab工作，是他的助手

▲古代祭祀雕塑

和传递口谕者。ah holpopob的职责较多，既是首领与村民的桥梁，又是外交事务方面的顾问。他们还是公共议事厅的负责人，村镇中的首席歌唱家和舞蹈家，总管地区上所有的歌舞和道具。

最低的一级"政府公务人员"是tupiles，负责维持治安。

此外，玛雅人还有战时的首领。一类是原来的行政首领在战时行使军事指挥权。另一类称为nacom，不是世袭的，一般被选出担任三年为期。在这三年内，这些人不能近女色，连他的妻子也不能与他见面。人们怀着极大的尊敬将他隔离起来，尽可能使他较少与外界接触。他被供奉吃鱼和一种大蜥蜴，但不能接触牛、羊肉。三年任期结束时，nacom和batab共同商议战事，制订出战略计划。人们会像对待偶像一样对他焚香进拜。具体的战术执行则全权交给村镇首领。所以，这些临时选出的nacom只能算是偶尔跳上龙门的鲤鱼。而且，跳上龙门的三年内也只是个精神安慰性质的空架子。

祭司阶层从血统上讲，和贵族有着千丝万缕的关系。祭司也可娶妻生子，而且子承父位。除此之外，贵族阶层中经常有人涌入祭司阶层。玛雅人规定，贵族长子继承父位，幼子则可以选择成为祭司。所以，祭司们在向王室成员授业时经常会在幼子中挑选，如果发现具有成为祭司禀赋的小孩，就开始培养他当祭司。

▼里斯本高台

如果说祭司的地位并不比领主高，那么至少他们在玛雅社会中的影响力绝不亚于贵族。贵族阶层的各级首领对祭司都表现出极大的尊敬，定期向他们进贡。祭司掌握着玛雅文明的钥匙，指导农事生产，预卜政事吉凶。真人经常会向他们求教，祭司则尽可能地用他们的知识找出最佳答案。事实上，玛雅城区

中的建筑，除了一些宫殿外，大部分是在祭司的掌握之中。祭司这一特权阶层完全游离于生产活动之外，却直接参与社会命脉的掌握。

祭司这个阶层里还有另外一些角色。chilanes 是一些能讲神谕的先知。他们在民众中享有极高的威望。nacom（不同于三年任届的战事首领）是终身制的刽子手，负责在人祭及其他偶像崇拜活动中执刀。他有四个助手 chac，人员不固定，每次祭祀时新选，通常是德高望重的老人。

玛雅祭司的总称是 Ahkin，按字面意义讲就是太阳之子。作为一个群体，它是最有权力、最有影响的。他们关于天体的知识，他们预言日蚀月蚀及其他星际会合周期的能力，他们的种种预言，渗入玛雅人生活的每个阶段。这使他们受到全体玛雅人的敬畏。

平民是指数量众多的普通农业生产者。他们用血汗养活自己，也供养他们的最高首领真人、地方首领 batab，以及祭司阶层。他们是那些宏伟的仪式中心、高耸入云的金字塔神庙、大型柱廊、宫殿、高台等的真正建造者。是他们采集、雕刻了大量巨石，构建了这些建筑；是他们用石斧砍下无数大树，作为柴火将石灰石烧制成灰浆所需的石灰，将砍下的硬木加工成雕梁画栋。他们是泥瓦匠、石匠，也是搬运工、建筑工。

这些平民还必须向真人进贡，给村、镇长献礼，还要通过祭司向神进献。这些交纳加在一起，数量一定很多。其种类包括他们能够生产、制造、猎取、搜集到的一切。他们住在郊外，人数众多。但却为城里少数的贵族和祭司承担了几乎所有的劳作。

奴隶，pencatob，处在社会最低层。兰达（Landa）主教认为，奴隶制是玛雅后古典时期才产生的一种现象。但其他许多学者根据石碑、壁画等资料，认为不能排除从古典时期就有奴隶的解释。至少，战俘除作人祭以外经常沦为奴隶。从有直接资料的新王国时期来看，奴隶来源有五：天生奴隶；窃贼沦为奴隶；战俘；孤儿；人贩子贩来的人口。虽然天生为奴者为数不多，但也确实存在。不过，法律规定可以为奴隶赎身。偷盗者要为被偷者终身做奴隶，或者一直等到有能力偿还所偷财物为止。战争中被俘的敌方贵族，立即被推去做人祭牺牲，其他战俘则沦为俘获他们的武士的奴隶。孤儿是经常用于做人祭的，所以有时专门向人贩子购买，甚至强行绑架。

我们知道，猴群中也有等级划分、座次排定。地位较低的猴子想觊觎高位，很快会受到教训。不过，人们对猴群深入观察后发现，地位高的猴子有时会象征性地让地位较低的猴子爬背。这可能是猴子们维持和平的一种猴文化。玛雅贵族是否也会象征性地给平民百姓一点作威作福的虚假满足，我们已无从知晓。不过，在奴役同类、残杀同类的情况下仍然保持社会整体的延续，却也实在只能是人的文化。

▶古代战争强行掠杀

父母包办的婚姻

玛雅人的婚姻可并不像它在其他方面那样神奇浪漫。说不浪漫多么扫兴，那中美洲丛林热带的气息原本就青春热烈，可以好好地想象。

说不浪漫是因为玛雅人看重父母之命、媒妁之约，也因为玛雅人婚后平平淡淡，没有拥抱接吻之类外露的情感表达，玛雅男女的爱情是以尽力履行各自在家庭中的职责来体现的。一夫一妻制似乎比较良好地运转，但休妻离婚也较频繁，妇女在这事上也有一定的主动权。

男女的婚姻通常在他们童年就谈妥了，只等到了适当的年龄便举行正式的仪典。男孩的父亲为儿子寻找媳妇，他的标准无非是门当户对，同村同等级；也有些禁忌，同姓不可通婚，另外妻之姊妹、兄弟寡妻、孀居后母等也在禁止之列。议婚嫁若无媒人中介，那就是件可耻的事了，这显然不利于两情相知、男欢女悦。

▼玛雅夫妇雕像

最不浪漫的是婚前女婿要在未来的丈人家当6到7年的"长工"，白白地为女家劳动，以"赚"回老婆的"赎身费"。这还不算，假如岳父不满意，可将女婿赶走，到头来落得一场空。假如女婿不能圆满地服完7年"苦役"，被赶了出来，不仅老婆另许他人，而且自己也成了"丑闻"的主角。

这当中究竟是什么样的机制在运作呢？可惜有关玛雅文化这方面的资料实在语焉不详。然而好在《圣经·创世纪》（和合本）中有几乎一模一样的故事可作比照。

第29章记述雅各来到拉班家，以拉班小女儿拉结为"工价"，服侍拉班7年；这个7年与玛雅人的服役期恰好相同，这或许是巧合，也有可能是有着相当古远的文化人类学原因。

▲印加人居住的遗址

雅各因为深爱着美貌俊秀的拉结,以致"就看这7年如同几天"。等到7年届满,雅各对拉班说:"日期已经满了,求你把我的妻子给我,我好与她同房。"拉班就摆设筵席,请齐了那地方的众人。到晚上,拉班将女儿利亚(大女儿利亚的眼睛没有神气)送来给雅各,雅各就与她同房……到了早晨,雅各一看是利亚,就对拉班说:"你向我作的是什么事呢?我服侍你,不是为拉结吗?你为什么欺哄我呢?"拉班说:"大女儿还没有给人,先把小女儿给人,在我们这地方没有这规矩。你再服侍我七年,我就把那个也给你。"雅各于是又服侍了拉班7年。

在后来的日子里,雅各的两位妻子给他生了好几个儿子,雅各继续为丈人牧羊。最后,当雅各携妇将雏,带着应得的羊群离去时,拉班及拉班的儿子们兴师动众、气势汹汹地追上来。追了7天才追上雅各,由于神夜里托梦给拉班,告诫他不要对雅各"说好说歹",这才避免了冲突。雅各斥责拉班:"……我这20年在你家里,为你的两个女儿服侍你14年,为你的羊群服侍你6年,你又10次改了我的工价。若不是我父亲以撒所敬畏的神与我同住,你如今必定打发我空手而去。神看见我的苦情和我的劳碌,就在昨夜责备你。"于是拉班只得和解,说:"来吧……你我二人可以立约,作你我中间的证据。"雅各就拿一块石头立作柱子。又对众兄弟说:"你们堆聚石头。"拉班说:"今日这石堆作你我中间的证据。"因此这地方名叫迦累得,又叫米斯巴。意思说:"我们彼此离别以后,愿耶和华在你我中间鉴察。你若苦待我的女儿,又在我的女儿以外另娶妻,虽没有人知道,却有神在你我中间作见证。"拉班又说:"你看我在你我中间所立的这石堆和柱子,……我必不过这石堆去害你,你也不可过这石堆和柱子来害我。"

雅各就起誓……又在山上献祭……

不厌其详地引述看来绝非多余。这里第一个关键是财产。玛雅人只把财产传给儿子,就好比拉班的儿子们特别在乎他们的姐夫(或妹夫)雅各捞到了什么好处,特意一起向父亲反映情况。再说女儿恐怕也是一种特殊的"财产",不用钱财来赎买白白嫁人岂不赔本?于是与女婿开口闭口离不开"工价"二字。

除了7年劳役折算工价之外,玛雅小伙子结婚时还要付出不少代价。聘礼是免不掉的,男方要为新娘子准备从礼服到各种装饰品的全套嫁妆,男方当然也要负担自家新郎官的费用。这种做法通行于玛雅社会各个等级,只有量的多寡,没有质的差别,贫富贵贱都

▲石头建筑

体现了嫁娶双方的既定财产补偿关系。娶了人家的女儿原本是赢家，不作出补偿就不平衡了。玛雅人的想法与《圣经》中的雅各大概是一样的，娶妻生子就是自己赢回的利息。

第二个关键是"你我"之间的誓约。拉班挑明了主题，不允许亏待自己的女儿或另行娶妻。请想，7年劳役的办法是多么精明的算计！假如整个玛雅社会都奉行这一风俗乡规，事实的确如此，那么，又会有哪个男人能够有那许多个"7年"用于瞎折腾！他只有乖乖地为他所付出的"押金"考虑，平平稳稳地维持一个既成的婚姻。这或许就是玛雅人成功地实行了一夫一妻制的原因。这个道理，大概现代社会也并不很陌生吧，这其中就隐含着某种颇具智慧的东西。

丈人拉班与女婿雅各以上帝的名义立下了"你我"共遵的誓约，这是不同辈分之间"平等"的契约。这个"平等"恰恰反映了两种力量、两种意愿、两种权力、两种利益之间的对立、协调、共享和默契。

他们堆起的石头、竖起的石柱，当然远远不及玛雅人在石头建筑上表现得宏伟与壮丽；玛雅人也似乎不是为了儿女之事去浪费巨大的社会劳动和艺术才能。但是，玛雅人的那些宏美壮丽的石头建筑，无疑也是社会冲突与契约的升华。一个能够像《圣经》那样设计出"7年之役"的民族，也必然有智慧去把他们生存与发展的需要与矛盾用一个宏美壮丽的体系精心构筑起来。当想到神奇的玛雅智慧，不浪漫也变得浪漫！

玛雅人对死亡问题大做文章

人终有一死，生生死死乃是自然法则。然而对待生死却是个哲学问题，"哲学"二字并不如想象的那么玄奥，无非表明了一种根本的关切。20世纪末，西方发达社会开始兴起"死亡教育"，这并不是哪几位教育哲学家的立意惊世骇俗，非要让学龄稚童把停尸房当作课堂，这只不过是我们对死亡问题永恒关切的一个新事例罢了。

玛雅人对死亡问题大做文章，自有其道理。那个黑暗世界若不是特别引起他们的注意，也至少要比引起我们的注意来得多些。试想，没有现代文明不夜的灯火，没有现代社会喧闹的人群，没有现代科学给人自慰自信的相对安全感，那些生活在中美洲野性十足的热带丛林里的玛雅先民们，是不是更久地体验长夜的黑暗，是不是更深地感受孤独的无助，是不是更多地仰赖宗教迷信的观念和行为来打发黑暗死亡的恐惧感？

丈量一下现世生活到死亡世界的距离，也许玛雅人觉得很近。丛林中有凶猛无敌的美洲豹，玛雅人敬畏它们，奉若神灵；周期性的地力衰竭以致绝产或突如其来而又频频光顾的蝗灾，都会造就一批可怜的饿殍；那些高耸的巨石建筑工程，可能每块成吨的石料都有血肉之躯的性命成本；更不用说高高的祭坛顶上，时常上演着血腥的人牲献祭……战争、疾病、衰老、难产、意外，人生的旅程处处标明死亡的站牌。

求生恶死，这是生命的本能。而人这个物种，因为具有智慧，于是连生死也不那么简单。他首先要学会平衡主观意愿和客观事实的情感冲突，学会直面死亡或给死亡一个"说法"。现代人类好比一个成熟的大人，现代的文化使人们通常能直面生死，那个"死亡教育"新观念即此背景下的产物；而人类曾经也像一个孩童一样，不那么在乎事实，更多地屈从自己的愿望。

这也是一种选择，选择一种排斥那个令人讨厌与惧怕的"死亡"事实的思路，沉醉在永生不死的意境里，或把死亡当成一件不那么可怕的事情。玛雅人就是精心构筑了这一观念。

把事实揭穿挑明的现代"死亡教育"，为的是让幼童

▼玛雅人的血腥献祭

直面死亡，消除不必要的恐惧（其效果尚存在很大争议）；把事实包裹起来的玛雅"死亡观念"，为的也是消除人们必不可免的天然恐惧。殊途同归。尽管按现代观念评判，高下分明，但是，人类的文化行为并不那么容易评说。

玛雅人把死亡看作人生的避风港，可以再度扬帆启航。或者说，他们并不以为死亡是一个人的终点，死亡是中转站，是走完这段旅程再搭乘另一趟班车的过程。

于是，他们为中转的人生过客提供许多"服务"。他们悉心包裹尸体，给死者嘴里塞满玉米，以免死者在等候下趟班车时挨饿。有时还往死者嘴中填塞玉石，玉石是玛雅人珍贵的物品，差不多可以说"很值钱"，以免死者受穷，买不起车票。

▼玛雅金字塔

墓穴里还要放上偶像，保佑死者一路平安。至于死者的身份"证件"也很重要，一定要齐全。好比说，生前是位工匠，那么应当放上石斧以证明其职业和技能；生前是位祭司，就放上书籍图谱；生前是法师，就放些魔石；生前是猎人、渔夫，就放弓矢钩叉……因为死者在来世还需要他那些装备。

玛雅上层人物的死后安排相当精心。通常是先火化，然后将尸灰收藏在瓮中入葬，葬所可能是各种规模的庙宇。以前人们把玛雅地区的金字塔当作单纯进行祭祀活动的场所，后来考古学家发现了它们中有些至少还有别的用处。这个发现有点偶然，21世纪初，法国人阿尔贝·吕兹考察帕伦克古城一座金字塔。他在塔顶神庙里发现地上的大石板有些异样，板上几个圆孔似乎显示板下面掩盖着什么。于是他就领人撬开了这块大石板，果然下面是一条被泥石堵塞的通道。他和六位助手花

▲现代石翁谷

费三年才挖通这条长 20 米、有 56 级台阶的地下甬道。甬道尽头是一堵石墙，墙下有些玉珠耳饰和项链。拆除石墙后，又找到一条甬道，甬道尽头还是石墙。左侧有个石瓮，内中有 6 具年轻人的尸骨。吕兹判断他们只是殉葬者，真正的大人物还在后面等待重见天日。经细致探查，发现墙上有块三角形大石块，极可能是一道门。撬开石块，出现一间大墓室。墓顶上有块 6 吨重的大石板，他们费了九牛二虎之力，用 4 个汽车千斤顶才慢慢把它移开。墓穴高 7 米、宽 4 米、进深 9 米。室内四壁尽是人像浮雕，似乎共同捍卫着室中央的巨型石椁。棺椁的盖板竟然重达 40 吨，板上也刻有人像和图案。经专家研究石板上的象形文字，推断它的制作时间是公元 7 世纪。墓主人随葬品包括金玉冠冕、耳环、项链、手镯和小偶像。最为奇妙的是他的脸部罩着青玉面具，由 200 余枚玉片拼成，眼窝处是宝石镶嵌。

但是，只要再介绍几种对死者的处置方法，就会明白如此隆重的葬礼规模及最后一层青玉面具的真正含义了。死者被如此安全地保藏起来，为的是永生不灭，为的是不死的灵魂可以在不腐不败永远温润的玉石包裹中寄存。

有时，死者的尸灰被放在空心的雕像中，雕像当然尽可能与死者本人相像。雕像后脑壳留有一个开口，这是填放尸灰的通道，用死者相同部位的头皮来覆盖。玛雅潘城的库库姆家族是统治者，他们通常把死者用火处理一下，烧到骨肉分离。头后部锯下，只留下前部，即脸部的骨架，然后用松脂捏塑出脸肉来，这个塑像和真人一样，与前述木雕像性质相同，都作为家族偶像供奉起来，逢节受享，使人敬畏。

这个说法虽然来自早年西班牙殖民者的记述，但是确有其事。考古发掘部分地证实了这一点，有一个骷髅头颅被削，眼窝用木头塞着，脸部被艺术处理了，是重新造出的死者面相，保存真容以供瞻仰，这是后人对先人的追怀，也是永生不死愿望的体现。

玛雅人煞费苦心的做法，听起来颇为粗野，但他们的死亡观念却是富于情感的。

▶神秘玛雅人的生活

第十一章
对玛雅文明的探索

历史上曾经发生过的文化衰落,即玛雅文明在公元10世纪的退潮,尽管只是考古学家、历史学家对现象不完整的描述;但是,一旦离开了特定的学识背景,就被文学化手法说成玛雅文明"消逝"了。

不难看出,对玛雅文化重新燃起的热情是伴随着文化人类学的兴起。只有到了19世纪,人们才渐渐获得了新的文化眼光,人们才"发现"了玛雅文明的价值。

永不停息的玛雅文明

　　一种较流行的说法，乃称玛雅文明为"消逝的文明"；有了"消逝"，就又有了重新"发现"的说法。

　　存在着两种不同层次的所谓"消逝"，也就相应引出了不同层次的"发现"。但无论"消逝"也好，"发现"也好，其实都是一个关于"视力"的问题，都可以对观察者的视力作点智慧上的估价，都可以说三道四。如果没有一种智慧的眼光，那么，就会对仍然遗存的玛雅文化视而不见，这就是16世纪到19世纪发生的情形；而一旦人们获得了文化学研究的眼光之后，"消逝"的玛雅又重现了它往昔夺目的光彩，一个又一个被遗忘的玛雅故址被发现，直到20世纪末，1992年9月23日，埃菲社还报道了玛雅金字塔群的最新发现。

　　神秘的玛雅，消逝的文明，还有"金字塔"，这类词句无形中给人语言的误导。语言，不仅容纳着理性的概念，也覆盖着情感的意象。当我们对某个事物缺乏必要的了解，那么，情感化、主观性的想象力便张开了它的翅膀，去占据没有硬邦邦物质的虚缈太空。外部世界的观察者最初目击玛雅文明时，必然惊异于它那种与众不同的异域情调，对它那些辉煌精美的建筑、雕塑、工艺的惊叹夹杂着不可思议的情绪震动，而那些几乎未能破译的象形文字更是强化了人们的智力、理解力受挫后难以名状的困惑。于是玛雅便被冠以"神秘"的形容。

　　历史上曾经发生过的文化衰落，即玛雅文明在公元10世纪的退潮，尽管只是考古学家、历史学家对现象不完整的描述；但是，一旦离开了特定的学识背景，就被文学化手法说成玛雅文明"消逝"了。"神秘"加上"突然消逝"，再加上诸如"金字塔""宇宙天文学"之类"连现代人都无法企及"的说法，岂不令人神魂颠倒、想入非非！难怪关于玛雅文明的介绍，还有南美印加文化的介绍，多少都沾染了一些神秘主义的气息，引入了"玛雅人是外星人来到地球开发的一支遗民"之类荒诞不经的理论。

　　这是语词的误会！也是语言的诱导。是面对巨大的文化差异性时人们本能的情绪，在没有足够的知识与实证情形下的白日梦。离开了对人类的自信，来谈论文化便只能求助于神或者"外星人"了；离开了对人类各民族文化的相对主义理解，才会使人产生荒唐可笑的想法。

　　历史上，当用西方基督教（天主教）文化塞满脑袋的第一批远航者来到新大陆时，他们简直怀疑印第安人是不是人类。因为《圣经》告诉他们上帝如何创世，如何保育人类，那上头没有皮肤棕红的印第安人这一支。而玛雅文化受到了进一步的评价，一位主教大人称之为"魔鬼的勾当"，将上千卷玛雅经书付之一炬，这才使玛雅文明受到了致命的打击。正是殖民者让玛雅文明在16世纪以后数百年间真正地"消逝"了。

▲印第安人的生活

直到1875年，西班牙人安东尼·德·雷开始报道他的"新发现"，玛雅文明才引起了极大反响。他考察了位于今墨西哥恰帕斯境内乌苏马辛塔河左岸的帕伦克古城遗址，"发现"了那些玛雅先民的伟大杰作。在他之后，美国人约翰·劳埃德·斯蒂文斯（John Lloyd Stephens）也游历了玛雅地区，写下引人入胜的游记，掀起一股"玛雅热"。其实，在他们之前，还有一个叫莫德斯托·孟德斯的人，于1848年做了探险考察。他没有获得什么结果，无功而返，因为神奇传说中的那座玛雅城市蒂卡尔（Tikal）当时已被丛林、草莽、泥土所掩盖。

中美洲的热带丛林覆盖，草莽泥土的掩藏，这些并不是真正造成"消逝"而需要"发现"的原因。草木泥土挡不住人们的慧眼，而来自文化的视盲症才最为有害。尤卡坦半岛上最重要的现代城市梅里达（Merida），即墨西哥尤卡坦州府所在地，1542年建立殖民城市，是殖民扩张势力在玛雅地区的中心。梅里达的附近就有玛雅古代最重要的几座城市，包括玛雅潘（Mayapan）、乌斯马尔（Uxmal）这样显赫的名字。然而，戴了眼罩的人们对于眼皮底下的文化成就并没有多看一眼，听任它沉睡数百年之久。

不难看出，对玛雅文化重新燃起的热情是伴随着文化人类学的兴起。只有到了19世纪，人们才渐渐获得了新的文化眼光，人们才"发现"了玛雅文明的价值。上述几位西方探访者，正是在那个意义上来到玛雅的土地。

▼热带丛林

我们不仅仅是在玛雅的废墟里找到了些古文明的踪迹，而且找到了人类文化中那种依靠人内在的力量去解决生存与发展课题的自信，找到了一种无论多么"神秘"都始终坚持实证的思想武器这一信念的意义。不断去"发现"玛雅，就是要不断地抛弃偏见、成见，也同时抛弃醉眼蒙眬或瞑目玄想的臆见和幻视。

神秘"消逝"的玛雅文明

玛雅文明的"消逝",不知怎么会被夸张到这样的程度。不仅"消逝",而且要说"突然消失","谜一样地失踪",竭尽渲染、夸张、戏剧性之能事。

其实,对于真正的玛雅问题,学者只是提出了一些再正常不过的学术上的疑问。他们只是在研究的开始阶段,未曾充分占有考古资料、文献资料的情况下,对玛雅人辉煌的古典时期文明在10世纪时的衰落感兴趣。一时并无确凿的材料来说明古典时期文明衰亡的原因,于是便提出了种种假设,同时也就有了"消逝"这种不确切的说法。

在人类文明史的研究中,类似的现象可谓司空见惯,并没有人大惊小怪。好比说,没有人追问周口店洞穴中的那一群北京猿人是否神秘地"消逝"了四五十万年,他们是否去外太空旅行后又返回,成了18000年前的山顶洞人。如果这例归谬尚不足以令人服气的话,那么,我们可以说,文化遗址往往是有兴有废,有始有终的。考古学家在玛雅南部地区若干遗址看到它们衰败的迹象,可以有许多解释,就是不可以有任何梦呓般的

▼北京猿人遗址

违背事实的歪曲。真正的学者，不会为了保持某种神秘性，为了追求读者的好奇心，而故意无视日益清晰的事实去胡说八道，哗众取宠。

日益清晰地被揭示出来的考古事实表明，古典玛雅文明在其鼎盛期之后，于9至10世纪迅速衰亡，这固然是一个重要的事件，但多少又被曲解了。衰亡仅仅发生在玛雅南部地区，并不包括整个玛雅文明在内。事实是玛雅文明的重心北移了，当南部地区一大批文化中心沉寂之时，尤卡坦半岛的北部原野上却展开了

▲表现玛雅人好战的壁画

灿烂的文明场景。像最著名的玛雅潘、奇琴伊察、乌斯马尔等城市，继续兴盛了500年，直到西班牙人入侵才真正给玛雅古文明画上句号为止。这个在北方存在的玛雅文明就是学界所谓的后古典时期。

可见，通常把所有的玛雅文化历史都以南部低地的兴衰史来解释，该是多么严重的误导呀。

或许是受了玛雅文明消逝说的影响，一些介绍不自觉地夸大了古典时期玛雅和后古典时期玛雅的差异，也就是早期所谓古帝国与新帝国的区别。实际上，尽管10世纪以后的后古典时期玛雅文化带上了来自墨西哥的托尔特克（Toltec）入侵者的文化烙印，但是，玛雅文化的连续性并不因这点风格差异而有所变质。整个中美洲地区文化渗透非常普遍，一个严格的界限不仅难以硬性规定，而且也无此必要。否则我们反而会陷入概念化，忘记"玛雅"无非是我们从数以百计的城市中心之一"玛雅潘"借用过来，用以描述这一地区互相关联的人种、语言和文化集团。

那么，抛开严格意义上的"消失"，多少有点儿来得突兀的"衰落"，其原因何在呢？

鉴于玛雅地区农业状况，地力衰竭问题被提了出来。一块土地用了数年后便不再有肥力，必须经常轮作，烧荒辟新田。当城市中心周围可开垦的土地资源耗尽时，这个城市中心的好景便走到尽头了。这个观点却无法解释众多城市几乎同时的衰败，也许是整个地区的气候发生了不利于玛雅农业的骤变，杂草疯长，达到难控制的程度。丛林日益向城市逼近，像沙漠吞噬绿洲一样，毁坏了玛雅人生存的基础，或者是疫病流行，导致人口锐减，损伤了文化的元气，也逼迫幸存者尽快逃离危险的故园。再或者是外部的威胁，如墨西哥中部居民侵犯，致使玛雅人逃难而去，听任自己繁荣的城市中心倾颓，甚

至可能直接由入侵者捣毁了玛雅宗教建筑，发生"犁庭扫穴"的大灾变。也有人根据这种针对庙宇殿堂的破坏现象，认为玛雅城市发生了内部纷争——农民起义。原因是祭司贵族们曾驱使大批农民建造新的大型宗教建筑群，激起民变，农民们奋起而毁庙杀僧。祭司是古典时期玛雅宗教文化知识的秘传团体，他们一死，纪年碑不再树立，铭文不再刻写，庙宇不再建造，于是这些玛雅城市便呈现了"文化中断"的败落相。此说乍听有理，却难确证农民起义是否符合玛雅社会结构的情形，也难解释何以众多的城市中心都先后同时爆发阶级对抗。至于说考古过程中发现了建造了一半的庙宇群，以及前述庙宇毁坏严重，其他民用建筑尚称完好的现象，也可以作别样说明。外族入侵同样可导致这一后果，族属之争有时会变成双方守护神的较量，战胜者羞辱失败者的崇拜物（包括崇拜场所），杀戮对方的神职人员，这非常可能。

外族入侵、农民起义、人口骤降、资源匮乏、地力衰竭、环境恶化、丛林侵蚀、地震飓风、瘟疫流行……这些因素都可能发生作用，然而可能性与事实并不可等同而视，正是这不确定性，导致玛雅文明衰落的研究中喜欢夸大某一种因素的倾向出现。每根鸡翎都被各自奉为令箭，几乎每一种猜测都演化成根本原因了。其恶果是忽视了对多种可能性的实证综合研究，相反鼓励了缺乏历史常识的空想家们作"有奖竞猜游戏"的热情，竟致把玛雅"金字塔"想象成"外星人－玛雅人"在地球上的"能量储存器"……

这是不正确的研究方法论所导致的恶果。只有当考古学家、文化学家摆脱"给谜底一个答案"的诱惑，修正方法论，真正开始正视种种已知的事实并不断修订玛雅历史框架，那时才可能科学地把握"玛雅之谜"的意义。

玛雅古典时期文明的衰落，不是一个突发的事件，尽管从粗略的年代学观点看，千年一系之后在数十年内败落显得快了点儿。玛雅文明的衰落在时间、地点上并不一致、它是一系列事件的过程，原因也是相互联系的。最合宜的谜底应该把外来渗透和内部压力作为一个复杂连锁反应的主要环节看待，变化就是这样逐一地递送到所有相关的部分。

▼乌斯马尔 石雕之城

至于说500年后玛雅文明又一次"消逝"，那纯粹是语言骗局。西方殖民者对玛雅人灿烂的文明不闻不问，甚至竭力扼杀，可怜的玛雅人过于善良、弱小，不断地弃家而走，躲向丛林深处，这岂不就"消逝"了吗？不是说最后一支玛雅抵抗力量的据点，因"消逝"在密林深处，直到1697年才被殖民者征服吗？这距佩德罗·德·阿尔瓦拉多上尉1519年入侵已近180年了。殖民者关心的只是财富，除了黄金、土地、劳动力以外，他们并不在乎什么玛雅。于是，从16世纪到19世纪这段时间里，似乎玛雅又"消逝"了。

不存在的国度

人是唯一一种会被语言欺骗的动物。当人们把一些词语重复得次数一多，也就把词语当成了事实。这个弱点在关于玛雅文明的传说、介绍中表现得相当充分。

误加在玛雅文明头上的最不合适的一顶帽子，大概就是"帝国"头衔。当初西班牙人想当然地把玛雅世界看成（说成）一个统一的帝国，这是因为他们自己来自一个王权国家，把自己的社会组织结构想成玛雅人也必然具有的。假如说，阿兹特克人、印加人那里还差不多像个帝国的模样，那么，玛雅人实在不成帝国的体统。

且不说社会阶段上的争议，即玛雅究竟是个奴隶制国家还是处于原始公社后期，单单以玛雅四分五裂的军事政治版图上就看不出帝国的影子。即便是最有希望成为帝国的

▼罗马街头

12世纪，那三个最主要的城邦玛雅潘、乌斯马尔、奇琴伊察，也没能走完从对抗到整合的通向大一统的帝国之路。何况到了14和15世纪，玛雅文明已经渐趋式微，怎么会给16世纪初踏上新大陆这个神秘半岛的西班牙殖民者造成强大帝国的印象呢？

西班牙人轻率的命名，造成了后来者的成见。很长一段时间，"帝国"一词以讹传讹，甚至把玛雅文明分为旧帝国和新帝国两个时期。但最近几十年来，特别是经过二十世纪四五十年代以来对玛雅地区的大规模考古挖掘以后，学术界已渐渐抛弃了旧帝国、新帝国的划分法。代之以较准确的四阶段划分：第一，形成时期（公元前3000至前1000年起，公元3世纪止）；第二，古典时期（公元3至9世纪）；第三，后古典时期（公元10至16世纪初）；第四，西班牙征服时期。

在玛雅历史上，没有埃及式的法老，没有罗马式的恺撒，没有任何形式的独裁者在任何时期统治所有玛雅人。各个城市中心之间是彼此独立的。然而，他们又确实毫无疑问地都属于玛雅人的指称范围，共享同一种语言、同一种宗教、同一种文化。

著名玛雅研究专家莫利认为，玛雅各城市之间的关系，大致类似于公元前6世纪至公元前2世纪的希腊城邦，如斯巴达、雅典和科林斯之间的关系；或者是13世纪至16世纪期间的意大利城邦，如维也纳、热那亚和佛罗伦萨。也就是说，在文化上它们是同一的，但是在政治上它们是独立的。

▼被玛雅人遗弃的蒂尔卡城

根据后古典时期的社会条件，可以推断，古典时期的玛雅是由一些独立的城市中心组成。它们之间的联结方式可能是借助一种松散的联盟。这种建立在文化、语言、宗教连续性之上的政治连续性推想，在逻辑上是说得通的。

从考古证据来看，古典时期不同地区出土的雕塑、建筑和陶制品，都存在细微的差别。有人认为，可以把这些现象同玛雅人弃地休耕的传统农业方式联系起来。从而提出这样的假设：玛雅人间隔一段时间就必须集体迁移，寻找合适的新玉米地。由此，所谓玛雅人的帝国，实际上是同一群人在不同时期建立的若干聚居点的总和。

另一种说法将地区差异解释为独立的政治实体。这种观点比前一种观点普遍。在西班牙入侵之前有三个主要的政治实体，它们是奇琴伊察、乌斯马尔和玛雅潘。而在古典时期，根据考古资料，似乎数量要更多些，可以确定的至少有四处：第一，中心地带，由危地马拉的佩腾中北部、墨西哥南部和洪都拉斯组成，中心城市是蒂卡尔；第二，乌苏马辛塔河谷地，中心城市可能是帕伦克；第三，东南部地区，中心城市是科潘；第四，西南部地区，主要政权所在地可能是托尼那。

人口的流动，甚至大规模迁徙，在历史上都是常有的事。事实上，没有一个地区是绝对封闭的。人种、语言、宗教、习俗、历法、工艺以及其他文化因素，都处于不断地

▼蒂卡尔国家公园——世界文化遗产

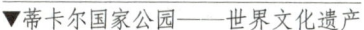

交流、渗透过程之中。玛雅潘在后古典时期曾经为北部迁移来的托尔特克人占领，两种文化在所有层次上进行过一次大杂交。撇开这些突发事件不谈，美洲各地区之间发达的商贸往来也一定为文化传播提供了方便之门。还有一种文化传播形式是战争吞并，或强行的文化侵略，比如说在其他民族的宗教里加上自己民族的神赐、强行推广自己的语言。

但是相较政治实体而言，文化实体的内聚力、连续性还是要顽强得多。强权固然可以在一定程度上改变人种、改变语言、改变宗教，以混血、外来语、外来神的形式逐渐植根于文化之中。然而，一种在语言文字、历法算术等方面比较发达的文化（如玛雅文化），往往具有比政治同化更强的文化同化力量。正如恩格斯所说，较不发达的民族可以用武力征服较发达民族，但入侵之后，他们往往会被后者的文化征服。

当我们今天看到玛雅文化留下的影子时，看到的是他们的象形文字、他们的拱门建筑，其他如金字塔神庙等，在美洲其他文化的聚居地也有发现。我们确实只能用一个文化学概念，玛雅文化，或者一个民族学概念，玛雅人，来形容这种独特的文化和创造它的人民。我们如何能够将一个前后生存了3000多年的文化，用政治学中的一个最笼统的概念——帝国来概括呢？尤其当我们将玛雅人视为古代美洲印第安人的一支，而不是将他们视为横空出世的新大陆成员时，这种想当然的思路就更显得简单化了。

▼玛雅建筑上的石雕

地理分布的特殊性

玛雅世界在文化和语言上的分布都不是整齐划一的相邻地区组合。和其他中美洲文化一样，玛雅世界存在于一种复杂的文化地理"马赛克"中。文化认同感、语言亲疏度完全不同的人群像七巧板一样，一块一块地拼接在一起。这种特别的文化地理模式具有其特别的功用。

所谓飞地，就是指这种马赛克布局中的一些小块。它们是由一群群远离自己文化的中心地带，处身于其他文化传统的领地包围之中生活的人们组成，犹如国中之国。

这种地理分布上的镶嵌特点，当然有助于推动各种文化之间的交流。不过，飞地最首要的功用还是经济上的。它能保证与其他地区特有的原始资料获得接触。比如，有机会深入另一地区腹地，获得那里独有的动植物、种植环境、适宜气候或盐场，甚至可以通过飞地接触到遥远的市场。这实在是一种生态性的分布策略。

▲球赛表演者

▼玛雅文明

由于这个对大家都有好处的共用规则，中美洲普遍存在这种现象。公元7世纪时蒂卡尔曾经去干预道斯皮拉斯的内政，但是这并不意味着它控制了两国间的过渡地带。中美洲最大的政治实体，阿兹特克人建立的帝国，居然也允许在它的心脏地带存在一个与它对立的特拉西卡兰城邦。此外，中美洲关于领土的观念，并不强调排外性。像我们在历史上常见的其他地方那种文化分布形态，拥有同一种语言、文化、政治倾向的民族形成铁板一块的聚合分布，在这里却并不常见。

当然，玛雅文化以这种形态与周围文化共融，在政治、军事上也有其特殊的作用。玛雅

▲玛雅地图

历史上并未形成过统一的、高度集权的帝国，而始终是以文化的严密聚合体和政治的松散联合体面目存在。最繁荣的几个阶段，也只是几个发达的城市中心的政治联盟。文化在地域上的分散性也许是原因之一。不过另一方面，飞地机制也对玛雅社会的稳定、发展起促进作用。玛雅贵族在很大程度上依赖于同其他统治群体的密切关系，以此来巩固其统治与权威，保证他们的王权不致旁落、徽号得以传承；当然，还通过这种密切关系解决联姻的问题，组成姻亲联盟。

飞地还是国家一些重要政治活动的关键。政治领域可能会经常以群岛的形式出现。由统治中心向外伸出许多联结深入其他政治实体的内部。飞地犹如围棋中的飞子，它所产生的势能远远大于这个单子儿本身。另外，玛雅商人可能还是军事谍报的主要来源。

飞地在边界领域存在文化、语言的尖锐对比。这种现象不仅存在于玛雅世界内部不

同群体之间,同样也存在于玛雅世界与中美洲其他文化之间。飞地本身可能是一个大的社区,也可能只是几户人家而已。玛雅人种植玉米,但因为当地土地、森林资源的特点,有时会有必要远离自己的村镇去开垦新地。如果那里的地碰巧合适,他可能会举家迁居异地。这种"天高任鸟飞"的感觉也许会令现代人非常向往。

然而,欧洲入侵者的向往似乎并不局限于感觉。他们先是懵懵懂懂地如入迷宫,不断与各支印第安人遭遇。逐渐地开始摸清这种马赛克分布的机制。玛雅世界所经受的毁灭性打击也就是从飞地开始的。殖民者采用入乡随俗的办法,借鉴中美洲本土历史经验,以飞地渗透外部势力。玛雅世界主体的殒灭固然有许多因素造成,但是飞地对外部渗透的开放也是原因之一。

玛雅人奉若神明、而且奉为重要神明的羽蛇神,在头形、身形及艺术表现手法(如云纹、弯须)上,与中国的龙有相像之处。许多到过玛雅遗址的中国人,都惊异于这种相似性。在墨西哥、危地马拉,甚至于在欧美国家的一些学者中间,也广泛流传着类似的猜测。那么,羽蛇神到底是不是中国龙呢?

羽蛇神的名字叫"库库尔坎",是玛雅人心目中带来雨季,与播种、收获、五谷丰登有关的神祇。事实上,它是一个舶来品,是在托尔特克人统治玛雅城时带来的北方神祇。中美洲各民族普遍信奉这种羽蛇神。

羽蛇神在玛雅文化中的地位可以从许多方面观察到。古典时期,玛雅"真人"所持的权杖,一端为精致小人形,中间为小人的一条腿化作蛇身,另一端为一蛇头。到了后古典时期,出现了多种变形,但基本形态完全变了,成为上部羽扇形、中间蛇身、下部蛇头的羽蛇神形象。

▼玛雅金字塔外的雕像

▲玛雅金字塔底部

羽蛇神与雨季同来。而雨季又与玛雅人种玉米的时间相重合。因而羽蛇神又成为玛雅农人最为崇敬的神祇，在现今留存的最大的玛雅古城奇琴伊察中，有一座以羽蛇神库库尔坎命名的金字塔。在金字塔的北面两底角雕有两个蛇头。每年春分、秋分两天，太阳落山时，可以看到蛇头投射在地上的影子与许多个三角形连套在一起，成为一条动感很强的飞蛇，象征着在这两天羽蛇神降临和飞升。据说，只有这两天里才能看到这一奇景。所以，现在它已经成为墨西哥的一个著名旅游景点。而在当年，玛雅人可以借助这种将天文学与建筑工艺精湛地融合在一起的直观景致，准确把握农时。与此同时，也准确把握崇拜羽蛇神的时机。

▼羽蛇神神殿

羽蛇神的形象还可以在玛雅遗址中著名的博南帕克画厅等处看到。要说它的形象，与中国人发明的牛头鹿角、蛇身鱼鳞、虎爪长须，能腾云驾雾的龙，还着实有几分相像。起码在蛇身主体加腾飞之势（羽蛇的羽毛）的基本组合上，是一致的。此外，如画厅一室屋顶上画的羽蛇头、玛雅祭司所持双头棍上的蛇头雕刻，与龙头也有较大的类似。而且，羽蛇神和中国龙崇拜都与祈雨有关。

　　有人说玛雅人的羽蛇神是殷商时期的中国人带过去的中国龙。如果这种说法成立，那么其中所说的玛雅人，首先应该改成中美洲人。因为，中美洲的许多民族都有对羽蛇神的崇拜。而且，与中国龙有关的雨水纹图案也可以在中美洲许多国家和地区的古迹中发现。

　　然而，要证明中国龙与中美洲羽蛇神的传播、吸收关系，难免有很多牵强之处，确实，有人猜测，中国人早在哥伦布到达美洲前数百年就"发现了新大陆"。但是，中国在五六千年前就有了龙这种想象出来的动物图案（这一点已为考古发现所证实），而玛雅或中墨西哥及其他中美洲地区的羽蛇神崇拜也早于这个所谓的"发现"时间（这个发现一说尚有待证实，而且，即使此说成立，大概也是在12世纪）。即使中国与大洋彼岸的美洲很早就有洲际文化交流，然而，文化使者的数量一定不会很多，文化交流的效果也只会限于文化的较浅层。像托尔特克人那样通过反客为主来将自己的神强加给玛雅人的事，恐怕不会发生在登陆的古代中国人身上。

　　有些西方学者非常希望在美洲、东南亚，甚至欧洲各文明之间找出一种一脉相承的一统关系。甚至任想象力随意驰骋，将大陆板块漂移、跨洋航海交流，甚至怪力乱神的指点山河等不是一个层次的问题扯到一起，欲证明一些文明间的相似有着深层而精致的根源。这种一览寰宇小的普遍联系倾向，也许发端于人们喜欢将知识片段罗织成网、联成体系的自然愿望。但是，如果我们着眼于古代中美洲各文化之间的相互影响、相互关联，如果我们将神秘而遥远的古代玛雅文明放到它实实在在的地理、历史、文化环境中去，同时，也把中国龙观念自身的形成、发展、演变过程放到中国历史文化的真实背景

▼羽蛇神金字塔

▲中国龙

中去，那么，这种纯粹由一种表面相似和传播猜想所组成的观点，恐怕很难站得住脚。我们不能简单地在羽蛇神和中国龙之间画等号。

关于欧亚大陆和美洲大陆的联结确实有许多诱人的发现。其中包括比海上往来更为确凿（已有大量考古发现和人类学研究的证实）、更为有趣的陆路交通，也就是从亚洲通过白令海峡（海平面较低时这条通道是宽敞的陆路）到达美洲之路。美洲印第安人很可能是蒙古高原上的一支向东迁徙而形成的。然而，这个过程应该在上万年甚至几万年前。以中国华北地区为中心的中国龙的故乡，与羽蛇神的"统治"区域，可能在更远古的时候来自同一个文化源头。

文化是不断在交织、变化中的。然而，有一些根本的、原始的元素却会以种种变化了的形式保存下来。羽蛇神羽扇作尾，保留蛇身本形；而中国龙在蛇身这个基本形态之上又添加了那么多特异功能，几乎把动物界飞禽走兽游鱼的特长集于一身。这两种被崇拜的象征性动物当然不是一码事。中美洲各地现在都有羽蛇神崇拜，但是这种羽蛇形态的最早发祥地却难以考证了。而在中国，龙在人们心目中的地位、龙崇拜本身，都是一个不断形成、演变的过程。这两种崇拜形象除了在蛇身（玛雅人从古典时期开始就崇拜蛇神）这一点上相同以外，实在是各有各的特征，风马牛不相及。

这个蛇身的基本相似点确实引起了人们对两种文化渊源的思考。只是，这种思考不应被简单化的联结引入歧途，不应导致草率的等式。

说到蛇，另一个赋予它重要意义的文化就是圣经文化。小到希伯来文化，大到基督教文化。如果给羽蛇神和中国龙有相似关系加上这只角，构成一个概念和地域文化上的大三角形，那么，它们所引发的思考一定会更丰富吧。也许人类对蛇这种防不胜防的无声突袭者怀有普遍的恐惧。这种恐惧起源极早，而且深深植根于人类的集体无意识之中。又或许欧亚、美洲各地的早期人类，确实在远古时代发源于同一类文化，保留着类似的文化忆痕。又或许这些全然只是一种文化上的巧合。毕竟这些蛇形都不是各自文化的全部，而仅仅只是一个小侧面。

文化的表象真是太有趣了。它不仅处处体现了人尽量解放自己、为自己获利的过程，也处处体现了人尽量限制自己、为自己设置障碍的过程。有劳动力的开掘和解放，也有劳动力的重新分配和消耗。与此同时，文化还制造出那么多特殊的符号和象征。它们既是对原始记忆的复写，又是对文化潜意识的建设。也正是因为这些特殊形象的重要文化地位与文化功用，所以，当我们在地域上如此遥遥相隔的文化中看到它们的相似性时，才会那么惊奇和激动。而能否在它们之间发现某种联结，这个问题才会对我们变得如此重要。

羽蛇神不是中国龙，也更不会是圣经中的撒旦化身。但是这三者确实都是蛇的变体，又确实都从最初就在各自的文化中扮演了极其重要的文化角色，单凭这一点就发人深思。

▶玛雅遗址

自成一格的玛雅文明

当哥伦布自称发现美洲新世界时，美洲印第安人早已在这片土地上生活了千万年。当西班牙入侵者自称在把文明播撒到这些"野蛮人"中间时，他们焚烧、摧毁了这里长期以来建立的有序文化，残杀、奴役着这些创造了灿烂文明的印第安人后裔。

在西班牙人眼里，玛雅人和其他美洲民族一样，都是信邪教的"魔鬼"。用外来文化的眼光判断，总是挂一漏万或者因自负而歪曲丑化，这也是文化内聚力和自我肯定功能的一种表现。

▼中国雕刻

所以，我们不妨将玛雅文化同与之共处美洲大陆的另两个文化相比较，据此来作出一个较为公正的判别。我们选取的秘鲁印加文化（位于南美洲）和墨西哥阿兹特克文化（处于中墨西哥高原地区），都是发展程度相对较高的古代美洲文明，从比较中我们可以更直观地了解玛雅文化。

在建筑方面，玛雅人无可争议地列于首位。玛雅建筑规模庞大，设计复杂，装饰精美。在这些方面，其他文化无法与之争胜。印加文化的巨石艺术确实在切割的精确性方面（数吨重的巨石堆垒整齐划一）略胜一筹，但是，玛雅建筑在总体上的优势仍很明显。阿兹特克人的金字塔特别壮观，比如圣·胡安·提提华坎的日、月和主神金字塔。然而，其总体观感笨重、平淡，缺少装饰，

▲中国彩陶

缺少品位,自然无法与玛雅金字塔相比。

不过,在公路修建方面,印加人显然比玛雅人高明。玛雅人是用石块铺路,表面铺的是经水和压力作用处理过而变硬的石灰石子。而印加人用砖块砌成的公路,绵延于高耸的安第斯山上,实在是一项工程杰作。相比之下,玛雅人在平原上建的道路就很没水准了。

雕刻方面,玛雅人的成就引人注目。与玛雅浮雕的典雅、圆纹雕刻的精致相比,印加、阿兹特克、托尔特克等地的雕刻根本不是一个档次,不在一个级别。这只要看一看玛雅石碑即可。虽然有许多缺损之处,但构图巧妙、匀称、凸纹深刻、圆滑。与其他地区雕刻作品的平淡无奇,相差悬殊。

然而,在陶艺方面,玛雅人就要输于其他两家了。无论是阿兹特克人,还是古代印加人,都烧制出了非常出色的彩陶。总体上皆优于玛雅陶器。不过,玛雅人制造的一些最成功的作品却堪称古代美洲陶艺制品的上乘之作。尤其是那座著名的"跳舞者"。其优美的体态,独具风格的手、脚部的处理,被誉为达到了无与伦比的艺术顶峰。

古代美洲最精美的纺织品出自秘鲁的纳斯卡(Nasca)文化。玛雅古典时期的纺织水平,从理论上讲应至少与之相仿。

在玛雅石碑上可以见到绣制繁复的纤维织品。可惜的是,尚未发掘出实物。草编制品,玛雅人留存的也很少,不足以与其他文化比较。

玛雅人的绘画是又一个长处。可证之于壁画、彩绘的陶器、象形文字手稿和图谱,尤其是那样不厌其烦、细心绘制的花瓶图案。

宝石加工是玛雅人可以令他人相形见绌的又一优势领域。主要是对诸如石水晶、黑曜岩等较硬石块的切割和抛光。不过,玛雅人的优势只是对印加文化区而言。与中墨西哥的阿兹特克人相比,还稍逊一筹。只有在玉石加工方面,玛雅人还有自己的骄傲。他们留下了许多玉牌、玉面具、玉挂件。但是,阿兹特克人留下的作品规格更大,所用石种也更多。他们还有许多镶嵌艺术品,用总重量达到30磅的大量玉石、黑曜岩、玉髓、斑岩以及其他硬石块,镶嵌成大型作品,显示出娴熟高超的技艺。如此规格的精工细作在玛雅遗址中未曾发现。也许它们曾经在玛雅历史上出现过,但无从查考。

羽毛粘贴、羽编装饰是美洲印第安人中流行的一种工艺。在这方面,阿兹特克人又处于领先地位,玛雅、印加人次之。当年西班牙入侵者科尔特斯从墨西哥带回本国的贵重"战利品"中,有一顶头饰非常引人注目。它是用600根克沙尔鸟的尾羽制成,碧绿闪亮。还有祭司所穿的一件长袍、一块臂章,都是用蜂鸟羽毛精工拼贴而成。现在都存于维也纳的帝国博物馆。而玛雅人的羽毛饰物,虽然在大量保存下来的石雕上可以看到它们的影子,但是实物却丝毫没有保存下来。

▲印第安人

古代玛雅人在金属制造方面非常落伍。事实上,在古典时期,他们甚至根本不知金属为何物。即使到了后古典时期,金属制造也仅仅局限于简单的敲打、压凸面纹以及掐丝工艺。这一落后局面主要应归因于玛雅地区金属天然矿藏的缺少。

中墨西哥、哥斯达黎加、巴拿马及哥伦比亚地区的金饰品、金制塑像,不仅数量多,而且很有艺术价值。在这方面,玛雅人是望尘莫及的。

上述这些文化成就,范围遍及建筑、道路、雕刻、陶艺、宝石加工、羽制品、金属制品、黄金加工等,大到城市规划,小到日常饰件。它们共有的特点是具体、可见,与人们的物质生活密不可分。

玛雅人的才华似乎大多表现在石头或与石头有关的方面,比如建筑、雕刻等。而那些质地易碎、易磨损的东西,留存极少,因而也难以判断。

▼玛雅古城

另外据查，新时期的玛雅社会中，与周边各文化间的通商往来已较普遍，因而这类小玩艺儿的流通应该也没有什么问题。

然而，如果我们着眼于抽象的智慧成就，比如文字、天文学、数学、历法的发展、史事的记载，玛雅人在这些方面是绝对鹤立鸡群的。是他们发明了"新世界"的文字。阿兹特克人，以及其他墨西哥民族的文字体系都步其后尘，甚至可以说，是对玛雅文字的模仿。印加人采用彩绳打结的方法帮助记忆、进行计算。这种方式同玛雅象形文字相比实在是太粗糙、太原始了。

在天文学领域，玛雅人比托勒密时代前的埃及人还要高明。阿兹特克等其他美洲文化无法望其项背，根本没能达到他们的精确度。在数学方面，玛雅人更是功不可没了。他们发展出人类最早的算术进位系统，其中包含零的概念。这是人类历史上最辉煌的业绩之一。

玛雅人的历史书虽然一本也没留存下来，但我们在《奇兰·巴兰》中还是可以看到它们的抄件。留存下来的大量石碑虽然到9世纪时突然中断了记录，但作为一种记事方式，它们还是向我们见证了玛雅人进行精确纪年记录的事实。所有的早期西班牙历史学家也都一致认为，玛雅人确实有自己的历史记录。

最后，在社会组织、政体建设方面，玛雅人不如印加，甚至也不如阿兹特克。印加的行政体系是一个真正政治意义上的帝国，有一个至尊无上的独裁统治者。而玛雅的古典时期中，没有一个统治者或一个城邦曾经统领过所有玛雅人。然而，有资料表明，玛雅潘的考科姆家族曾经在后古典时期末期拥有一定程度的凌驾地位。

我们将玛雅文化同与之毗邻的其他美洲文化相比较，希望在找出玛雅文明真正的伟大之处的同时，将玛雅人从神话传说的主角还原为世界上现实地存在过的一个民族。玛雅人在物质文化、精神文化领域里的伟大成就，尤其是胜过古埃及、古巴比伦的天文学成就，同他们刀耕火种的农业生产水

▼玛雅文字

▲精美陶艺

平、新石器特征的工具水准相对而言,确实如他们留下的那些石城一样,恢宏而且精美!

对玛雅知之愈深,我们就愈是热衷于它那些与我们的文化传统区别巨大的鸿沟。玛雅人的文化、他们的哲学、他们的世界观(时间和空间、物理世界和超自然宇宙)都是连续的,也就是说他们把现实与非现实的一切方面都看成一个完整整体的各个不同侧面。玛雅人认定的"现实"包括了我们认为"非现实"的部分。说到底,有个民族竟然发明了一个与我们自己的体系完全不同而又同样深奥的信仰体系,这不能不说是一件非常困难的智慧工程!但他们做到了。

如果说有什么超出了浪漫神奇的魅力之外的东西需要我们去关注,那就是玛雅民族创造的复杂精致的文化隐喻体系。它给我们提供了远比浅薄的神秘感所能提供的更为强劲的智力上的刺激。

玛雅文明有其自身与众不同的风格、体制、结构和发展史,它们自成一格,自足而圆满。

直到今天,我们对悠久灿烂的玛雅文明的了解还依然是极为有限的。尽管专家们已经把数万座金字塔记录在案,已经发现了一百多个城市遗址,但是,对于这地形复杂、丛林幽深的几十万平方公里广袤土地的文化空间容量来说,可能还仅仅是浅尝初尝。即使在最充分研究过的地点,人们的眼光也是过分专注于那些最宏大最吸引人的所在。考古发掘专家和文化学者还有相当长的一段路要走。

在最终破译玛雅之谜之前,它的浪漫与神奇还将陪伴着我们。甚至可以说,等到真正揭开它神秘的面纱之时,玛雅文化可能向人们展示更加耀眼夺目、惊心动魄的人类智慧的光芒!

▶玛雅文明遗迹